조선왕조실록 3

중종 · 광해군 편

차례
Contents

들어가며

과도기적 권신 정치의 등장과 몰락 – 중종 · 인종 · 명종

중종은 신하들이 일으킨 반정으로 왕위에 올랐다. 중종반정은 조선이 건국된 이래 처음으로 신하가 왕을 바꾼 사건이었다. 그렇기 때문에 중종은 반정공신들의 의견을 무시할 수 없었다. 중종의 첫째 부인인 단경왕후(端敬王后) 신 씨 폐위 사건은 즉위 초 중종이 얼마나 힘이 없는 왕이었는지 단적으로 보여주는 사건이다.

그러나 중종은 시간이 지나면서 나름대로 개혁 정치를 시행하고자 했다. 조광조(趙光祖)의 발탁은 공신 세력을 견제하고 독자적인 정치력을 발휘하려 했던 중종의 의지가 반영된 것이라고 할 수 있다. 조광조는 훈구파의 권력 독점에 따른 부작용에 맞서 도학 정치 실현을 위해 노력했다. 도학 정치란 도학을 정치와 교화의 근본으로 삼는 왕도 정치를 말한다. 모든 군주가 요순처럼 되기 위해 노력하는 사회, 모든 신민이 요순의 신민을 본받는 사회를 만드는 것이 도학 정치의 궁극적인 목표였다. 조광조의 도학 정치를 향한 노력은 언로(言路)의 확충과 현량과(賢良科) 시행, 소격서(昭格署) 혁파, 『소학』 실천과 향약(鄕約) 보급 운동 등의 형태로 나타났다.

이러한 조광조의 급진적 개혁은 훈구파의 반발을 샀다. 조광조를 신뢰하고 지지하던 중종도 점차 염증을 느끼기 시작했다. 너무 급박하게 몰아붙였기 때문이다. 이러한 갈등은 위훈삭제(僞勳削除) 사건에서 정점을 이루었고 이것은 기묘사화(己卯士禍)가 일어나는 원인이 되기도 했다. 기묘사화로 조광조 일파가 실각하면서 도학 정치의 꿈은 끝내 실현되지 못했다.

사림파가 실권하고 다시 훈구파가 득세했다. 특히 훈신 계열의 일부 권신(權臣)들이 권력을 장악했다. 이러한 시기를 권신 정치 시대라고 한다. 조선의 정치사에서 중종이 왕위에 있던 16세기 중엽은 세조 때부터 시작된 훈신 정치기가 거의 마무리되고 사림 정치기로 넘어가던 과도기이자 권신 정치기였다.

이러한 정치적 상황 속에 중종이 죽고 그의 아들 인종이 즉위했다. 인종의 즉위는 또 다른 권신의 등장과 대립을 불러왔다. 인종을 지지하는 대윤(大尹)과 인종의 이복동생인 경원대군(慶原大君: 훗날의 명종)을 지지하는 소윤(小尹)이 그들이었다. 인종의 즉위로 대윤과 소윤의 갈등은 대윤의 승리로 끝나는 듯했다. 그러나 인종이 왕위에 오르고 채 1년도 못 되어 죽음을 맞이하자 상황은 역전되었다.

명종의 즉위와 함께 정권을 잡은 소윤은 문정왕후(文定王后)의 비호 아래 전횡했다. 이들은 을사사화(乙巳士禍)를 일으켜 자신들의 정적을 제거했다. 이 과정에서 대윤과 연관이 있던 많은 사림이 희생되었다.

한편 문정왕후가 수렴청정하는 동안 보우(普雨)라는 승려가 등장해 불교의 개혁과 중흥을 이끌었다. 그러나 문정왕후가 죽으면서 그의 노력은 물거품이 되고 말았다. 문정왕후의 죽음은 또한 소윤 일파의 몰락을 가져왔다. 그사이 서원을 중심으로 향촌에서 세력을 키우고 있던 사림파가 다시 득세하면서 본격적인 사림의 시대가 열린 것이다.

『중종실록』은 모두 105권 102책으로 간행되었다. 조선 제11대 왕 중종이 재위한 39년 동안의 역사를 기록한 편년체의 역사책이었다. 정식 이름은 『중종공희휘문소무흠인성효대왕실록(中宗恭僖徽文昭武欽仁誠孝大王實錄)』이다. 『중종실록』은 인종 때 편찬이 계획되었으나, 당시 대·소윤의 정쟁이 격렬한데다 인종도 재위 8개월 만에 죽는 바람에 편찬되지 못했다. 명종이 즉위한 후에도 을사사화와 같은 큰 정변이 일어나 바로 착수하지 못했다. 그러다 1546년(명종 1) 가을에 비로소 춘추관에 실록청을 두고 편찬에 착수했으며, 1550년(명종 5) 10월 집필을 시작해 5년 만에 완성되었다. 마지막 권인 105권에는 인종이 즉위한 1544년 11월 16일부터 12월 말일까지의 기사가 합편되어 있다.

『인종실록』은 제12대 왕 인종 재위 기간의 역사를 편년체로 기록한 것이다. 정식 이름은 『인종영정헌문의무장숙흠효대왕실록(仁宗榮靖獻文懿武章肅欽孝大王實錄)』이다. 모두 2권 1책으로 간행되었으며, 인종의 즉위년(1543년 11월 16일~12월 말일)의 기사는 『중종실록』 마지막 권에 합편되어 있다. 인종은 재위 기간이 8개월밖에 되지 않았기 때문에 그동안 『중종실록』 편찬에 착수하지 못했고, 명종이 즉위한 후에도 을사사화가 발생해 편찬에 들어갈 수 없었다. 그러다 『중종실록』과 『인종실록』이 동시에 편찬되었다. 실록청에서 편찬 실무를 관장하던 총재관이 중간에 바뀌는 등 그 과정에 다소 우여곡절이 있었으나 1550년(명종 5) 9월에 완성되었다.

『명종실록』은 제13대 왕 명종이 재위한 21년 11개월간의 역사를 기록한 것이다. 모두 34권 34책으로 간행되었다. 정식 이름은 『명종대왕실록(明宗大王實錄)』이다. 1567년(선조 즉위년)

8월 20일에 편찬이 시작되었으며 1571년(선조 4) 4월에 완료
되었다.

본격적인 사림 정치 시대의 시작 – 선조 · 광해군

제13대 왕 명종이 후사가 없이 34세의 젊은 나이로 죽자,
중종의 일곱째 아들인 덕흥군의 셋째 아들 하성군(河城君)이
방계 승통으로 왕위에 올랐다. 그가 바로 제14대 왕 선조다.
선조의 즉위와 함께 조선은 본격적인 사림 정치 시대로 접어
들게 되었다. 네 번의 사화를 거치면서 중앙 정계에서 밀려났
던 사림의 정계 진출은 이제 더 이상 거스를 수 없는 대세였다.

한편 이준경(李浚慶)이 죽기 전에 예견한 대로 사림 세력은
붕당의 길을 걷게 되었다. 이조전랑을 두고 갈등이 불거진 심
의겸(沈義謙)을 중심으로 한 선배 사림과 김효원(金孝元)을 중
심으로 한 후배 사림이 각각 서인과 동인으로 갈라선 것이다.
붕당을 예견한 이준경을 준절히 비판했던 이이(李珥)는 분열
을 막아보려 했지만, 그의 노력은 오히려 역효과만 가져왔다.
동서 분당과 함께 뿌리 깊은 당쟁의 역사가 시작되었다.

한편 동서 대립의 골이 깊어갈 때쯤, 원래 서인이었다가 동
인으로 전향한 정여립(鄭汝立)의 모반 사건이 일어났다. 정철
(鄭澈)을 주축으로 한 서인 세력은 이 사건을 계기로 정여립과

연관이 있던 여러 유력 동인 인사를 제거하는 데 성공했다. 그런데 이 과정에서 희생된 사람 중에는 선조의 실정에 비판적인 인사가 많았다. 정여립의 모반 사건으로 시작된 기축옥사(己丑獄事)는 서인 세력과 선조가 결탁한 정치 모략이었을 가능성 높다.

그러나 동인 세력이 그대로 무너진 것은 아니었다. 오히려 이산해(李山海), 유성룡(柳成龍) 등 동인 재상들은 세자 책봉 문제를 빌미로 정철을 몰아냈다. 그리고 이 과정에서 동인은 다시 한 번 강경파인 북인과 온건파인 남인으로 분열하게 되었다. 또한 서인이나 남인에 비해 학연상 순수성이 그리 강하지 않았던 북인은 다시 한 번 분열을 거듭해 대북(大北)·소북(小北)·육북(肉北)·골북(骨北) 등으로 나뉘게 되었다.

선조가 재위한 16세기 후반부터 17세기 초반의 동아시아 정세는 그야말로 요동치고 있었다. 중국에서는 명나라의 국력이 점점 약해지고 후금이 새로운 강자로 부상했으며, 일본에서는 통일 과업을 달성한 도요토미 히데요시(豊臣秀吉)가 대전란을 준비하고 있었다. 그리고 1592년(선조 25), 마침내 일본은 조선 출병을 감행해 임진왜란(壬辰倭亂)이 발발했다. 전쟁에 미처 대처하지 못한 조선은 속수무책으로 당할 수밖에 없었다.

왜적은 파죽지세로 국토를 짓밟으며 북상했고, 도성 함락을 앞두고 선조는 피난을 감행했다. 이때 흉흉한 민심을 수습하기 위해 서차자인 광해군을 급히 세자에 책봉하고 분조(分朝)를 맡겼다. 광해군이 분조를 이끌며 민심을 수습하고 의병활동을 독려하는 동안 명나라 원군이 도착했다. 조명 연합군의 공세와 이순신(李舜臣)의 해상권 장악으로 전세는 역전의 기회를 맞이했다. 이어 화의론(和議論)이 대두된 가운데 왜란은 사실상 휴전에 들어갔다. 그러나 명나라 측 심유경(沈惟敬)의 거짓 보고로 화의 협상이 결렬되면서 정유재란(丁酉再亂)이 발발했다. 이순신이 이끄는 수군이 결사항전하는 동안 결국 왜군은 도요토미 히데요시의 사망과 함께 철군했다. 7년여 동안 두 차례에 걸친 왜란은 그렇게 끝이 났다.

선조는 왜란 때 활약한 광해군을 세자로 두고서도 젊은 계비를 들여 적통자인 영창대군(永昌大君)을 얻었다. 그리하여 양쪽을 지지하는 세력 간의 대립과 갈등을 부추겼다. 그러나 결국 선조는 어린 영창대군 대신 광해군에게 왕위를 물려주고 죽었다.

선조에 이어 왕위에 오른 제15대 왕 광해군은 적자도 장자도 아닌 정통성의 문제 때문에 명나라로부터 정식 승인을 받지 못한 채 불안한 시기를 보내야 했다. 왕이 되고 1년 만에 어렵게 정식 승인을 받기는 했지만, 이것은 광해군으로 하여금 수많은 옥사를 일으키게 한 원인이 되었다. 광해군의 즉위와 함께 정권을 장악한 대북 세력은 정적을 제거하기 위해 골몰했다. 이들은 광해군이 왕권을 위협하는 임해군(臨海君), 영창대군을 비롯해 여러 종친을 죽이고 대비까지 폐모시키는 패륜을 저지르도록 부추겼다. 결국 이러한 패륜은 인조반정의 명분이 되었다.

광해군은 명·정 교체기의 혼란한 정세 속에서 국토와 신민을 지키기 위한 등거리 외교를 펼쳤으며, 대동법(大同法)을 최초로 시행하는 등 정치적인 업적을 남겼다. 그럼에도 계속된 대북 정권의 전횡을 용인함으로써 반대 세력인 서인의 반발을 불러 폐주가 되었다.

『선조실록』은 선조가 재위한 41년의 역사를 편년체로 기록한 것이다. 모두 221권 116책이며, 정식 이름은 『선조소경대왕실록(宣祖昭敬大王實錄)』이다. 선조의 묘호(廟號)가 처음에 선종(宣宗)이었기 때문에 판심에는 『선종대왕실록(宣宗大王實錄)』이라고 인각되어 있으나, 1616년(광해 8) 8월에 묘호를 선조로 개정하면서 『실록』의 표제도 바뀌었다. 1609년(광해 1) 7월 12일부터 편찬하기 시작해 1616년(광해 8) 11월에 완성되었다. 그런데 대부분의 기록이 임진왜란 이후 16년간의 기사로 되어 있다. 선조 즉위년부터 임진왜란 이전까지 약 25년간의 기사가 적은 이유는 공공 기록과 사초가 전란 중에 대부분 소실되었기 때문이다. 또한 광해군 때 대북 정권의 주도로 편찬되어 서인과 남인에게 불리한 기사가 많았다. 이에 인조반정 이후 『선조수정실록』의 편찬이 시작되어 1657년(효종 8)에 완성되었다.

『광해군일기』는 광해군이 재위한 15년 2개월의 역사를 편년체로 기록한 것이다. 조선 시대 국왕들의 『실록』 가운데 유일하게 활자로 간행되지 못하고 필사본으로 남아 있다. 이 필사본에는 중초본(中草本: 태백산 사고본)과 정초본(正草本: 정족산, 적상산 사고본) 두 종류가 있다. 정초본은 중초본에 비해 3분의 1 정도 내용이 축소되어 있다. 『광해군일기』는 10년 11개월 동안 여러 차례의 수정을 거치며 어렵게 편찬되었다.

제11대 중종, 반정으로 왕위에 오르다

신하가 왕을 바꾼 중종반정

중종은 1488년(성종 19)에 성종과 성종의 계비인 정현왕후(貞顯王后) 사이에서 태어났다. 연산군의 이복동생으로 이름은 역(懌), 자는 낙천(樂天)이다. 1494년(성종 25)에 진성대군(晉城大君)에 봉해졌다. 『실록』에는 그의 성품을 "어질고 효성스러우며, 부지런하고 검소하며 청단(聽斷)을 잘했다"고 기록하고 있다.

서열상으로는 왕위에 오를 수 없었으나 신하들이 일으킨 반정으로 1506년(연산군 12)에 왕위에 올랐다. 본인 스스로는 전혀 반정의 뜻이 없었음을 다음의 기록에서 알 수 있다.

반정하던 날 먼저 군사를 보내어 사제(私第: 중종이 살던 집)를 에워쌌는데, 대개 해칠 자가 있을까 염려해서였다. 임금이 놀라 자결하려고 하자 부인 신 씨가 말하기를, "군사의 말 머리가 궁을 향해 있으면 우리 부부가 죽지 않고 무엇을 기다리겠습니까. 그러나 만일 말 꼬리가 궁을 향하고 말 머리가 밖을 향해 있으면 반드시 공자(公子)를 호위하려는 뜻이니, 알고 난 뒤에 죽어도 늦지 않습니다" 하고, 소매를 붙잡고 굳이 말리며 사람을 보내 살피게 했더니 말 머리가 과연 밖을 향해 있었다.

『연려실기술』7권, 중종조 고사본말

반정 세력이 군사를 일으켜 자신의 집을 호위할 때까지도 중종은 자신이 왕으로 추대된 사실을 알지 못했던 것이다.

연산군 말년, 왕의 횡포는 더욱 심해지고 백성은 곤궁 속에서 허덕였다. 실정에 대한 직언을 멀리하고, 창덕궁과 담을 사이에 둔 성균관을 연회의 장소로 만들었다. 이에 연산군의 학정을 노골적으로 비난하는 한글 투서가 잇달았다. 그러자 연산군은 언문 서적을 불태우고 한글 사용을 금지시키기까지 했다. 이러한 가운데 정치는 방기되다시피 했고, 연산군에게 원한을 품지 않은 이가 없을 정도가 되었다. 그리고 마침내 그를 축출하려는 움직임이 훈구 세력을 중심으로 서서히 일기 시작했다.

반정의 주동자는 성희안(成希顔)과 박원종(朴元宗)이었다. 두 사람 모두 연산군에게 개인적인 원한을 품고 있었다. 거사를 결심한 두 사람은 당시에 인망이 있던 이조판서 유순정(柳順汀)에게 자신들의 뜻을 알렸으며, 유순정은 이에 응했다. 그리고 때마침 왕이 장단 석벽에 행차하는 것을 기회로 이날을 거사일로 정했다.

　그러나 왕의 행차가 갑자기 중지되는 바람에 계획했던 거사도 물거품이 될 판이었다. 이때 호남에서 귀양살이하던 유빈(柳濱), 이과(李顆) 등의 거사 격문이 서울에 전해졌다. 이제 대세를 막을 수는 없었다. 신윤무(辛允武)를 비롯해 박영문(朴永文), 장정(張珽), 홍경주(洪景舟) 등의 무사들이 가담했다.

　1506년(연산군 12) 9월 1일 저녁, 거사에 가담한 이들이 훈련원에 모였다. 이들은 먼저 임사홍(任士洪)과 신수근(愼守勤)을 제거해야만 했다. 신수근은 연산군의 처남이면서 반정으로 추대될 진성대군의 장인이기도 했다. 때문에 그가 누이와 딸 중 누구를 선택하느냐 하는 문제는 반정의 가담 여부와도 직결되는 중요한 사안이었다.

　반정이 일어나기 며칠 전, 박원종은 신수근의 의향을 떠보기 위해 그를 찾아가 장기를 두자고 청했다. 그는 신수근이 연산군의 사람으로 남을 것인지, 아니면 반정에 가담할 것인지를 넌지시 알아보기 위해 일부러 장(將)을 서로 바꿔놓았다.

그러자 신수근은 그 뜻을 눈치채고 장기판을 밀치면서 "차라리 내 머리를 베어 가라"고 말했다. 박원종은 그의 뜻이 더 이상 움직일 수 없는 확고한 것임을 알고 그를 제거하기로 했다.

반정 주동자들은 진성대군의 거처에 무사 수십 명을 보내 호위하게 했다. 영문을 모른 채 군사가 들이닥치자 동요한 진성대군은 사람을 내보내 밖을 살피고 오게 했다. 그리고 이들이 자신을 해치러 온 것이 아니라 왕으로 옹립하고자 온 것임을 비로소 알게 되었다.

이튿날인 9월 2일 새벽, 성희안 등은 돈화문 밖에서 날이 밝기를 기다리고 있었다. 이때 궁궐 안에서 숙위하던 군사와 시종들은 밖에서 벌어진 상황을 눈치채고 서로 앞다투어 빠져나가기 바빴고, 곧 궁궐은 텅 비다시피 했다. 숙직하고 있던 승지가 황급히 왕의 처소로 들어가 비상사태임을 알렸다. 놀라서 달려 나온 연산군은 승지의 손을 잡고 아무런 말도 못한 채 그저 벌벌 떨기만 했다.

박원종 등은 그야말로 아무런 저항 없이 거사를 진행할 수 있었다. 날이 밝자 박원종은 무사들을 데리고 궁궐 안으로 들어갔다. 그리고 연산군에게 옥새를 내놓으라 하고, 경복궁에 가서 대비 정현왕후에게 다음과 같이 청했다.

지금의 왕은 이미 임금으로 해야 할 도리를 잃어 이로 인해 종사가 위태롭고 민생은 궁핍하기 이를 데 없습니다. 신 등은 자나 깨나 이를 걱정했기에 진성대군을 새로 추대해 종사를 바로잡고자 하니 대비께서는 분부를 내려주시기 바랍니다.

『중종실록』 1권, 중종 1년 9월 2일

대세는 이미 정해졌고 정현왕후는 이들의 청을 거절할 수 없었다. 곧바로 유순정이 진성대군의 집에 가서 이 사실을 알렸다. 갑작스러운 상황에 당황한 진성대군은 몇 번이고 사양했지만 소용없었다. 결국 어쩔 수 없이 청을 받아들인 진성대군은 유순정 등의 호위를 받으며 궁궐로 들어갔다.

그날 오후, 근정전에서 왕위에 오른 진성대군은 제11대 왕 중종이 되었다. 박원종 등이 연산군을 몰아내고 새 왕을 세운 것이다. 이것이 바로 조선왕조 건국 이래 처음으로 신하가 왕을 바꾼 '중종반정'이다.

중종은 3명의 왕후와 7명의 후궁 사이에서 9남 11녀의 자녀를 두었다. 첫째 부인인 단경왕후 신 씨는 신수근의 딸로 왕위에 오르기 전부터 혼인한 사이였다. 그러나 반정 직후 공신들의 강력한 폐위 주장에 따라 중종은 새 왕비를 맞이할 수밖에 없었다.

둘째 부인인 장경왕후(章敬王后) 윤 씨는 윤여필(尹汝弼)의 딸로, 중종이 왕위에 오르자 숙의에 봉해졌다가 단경왕후가 폐위되자 왕비에 책봉되었다. 장경왕후는 1515년(중종 10)에 아들을 낳고 산후병으로 엿새 만에 죽었다. 그 아들이 인종이다.

인종의 어머니인 장경왕후가 죽고 셋째 왕비가 된 사람이 명종의 어머니인 문정왕후 윤 씨다. 문정왕후는 윤지임(尹之任)의 딸로, 훗날 인종이 죽고 명종이 왕위에 올랐을 때 수렴청정하게 되었다. 이때 문정왕후는 남동생인 윤원형(尹元衡)에게 권력을 주어 정국을 혼란에 빠뜨린 인물이기도 하다.

단경왕후 신 씨의 폐위

중종의 첫째 부인 단경왕후 신 씨는 왕비의 자리에 오른 지 7일 만에 폐위되었다. 이유는 중종반정으로 제거된 신수근의 딸이었기 때문이다. 박원종을 비롯한 반정공신들은 중종이 즉위한 다음 날부터 신 씨의 폐위를 주장하고 나섰다.

> 거사할 때 먼저 신수근을 제거한 것은 큰일을 성취하고자 해서였습니다. 지금 수근의 친딸이 대내(大內)에 있습니다. 만약 중전으로 삼는다면 인심이 불안해지고 인심이 불안해지면 종사에 관계됨이 있으니, 은정(恩情)을 끊어 밖으로 내치소서.
>
> 『중종실록』 1권, 중종 1년 9월 9일

반정공신들은 신 씨의 아버지를 이미 죽여버린 마당에 그의 딸을 중전 자리에 앉혀놓으면 무슨 보복이 올지 모른다고 우려했다. 중종은 조강지처를 함부로 버릴 수 없다며 반대했지만, 아직 반정공신들의 의견을 묵살할 힘이 없었다. 결국 중종은 신 씨를 연산군의 척신이었던 신수근의 딸이라는 이유 하나만으로 폐출시켜야 했다.

중종과 신 씨는 원래 금실이 좋은 부부였다. 그런데 자신들의 의지와 상관없이 닥친 정치 상황 때문에 생이별하게 되었다. 그래서 그런지 두 사람은 서로를 향한 마음을 쉽게 끊어낼 수가 없었다. 중종은 명나라 사신을 맞으러 갈 때 꼭 신 씨의 사저 근처에 머물렀고, 타고 온 말을 사저에 보내면 신 씨가 흰죽을 쑤어 손수 말에게 먹였다고 한다.

신 씨의 뒤를 이어 왕비의 자리에 오른 장경왕후는 원자를 낳고 며칠 만에 죽었다. 다시 왕비의 자리가 빈 것이다. 그러자 후궁인 경빈 박 씨는 자신이 왕비가 될 수도 있다는 헛된 생각을 했다. 당시 중종의 지극한 총애를 받고 있었기 때문이다. 그러나 경빈에게는 원자보다 나이가 많은 아들 복성군(福城君)이 있었고, 그런 그녀가 왕비가 된다면 어린 원자의 처지가 위태로워질 것이 뻔했다.

이런 우려 때문인지 차라리 폐비 신 씨를 다시 복위시키자는 의견이 나왔다. 「신 씨 복위 상소」를 올린 사람은 순창군수인 김정(金淨)과 담양부사 박상(朴祥)이었다. 이들은 후궁이 왕비의 자리에 오르는 것보다는 그편이 더 낫다고 주장했다. 신씨가 폐위된 것은 반정공신들이 오로지 자신들의 안위를 위해 행한 간계에 불과하다고 생각한 것이다. 따라서 신 씨를 복위시켜 억울함을 당연히 풀어주어야 한다는 입장이었다.

그러나 이러한 의견에 반대하는 사람들의 입장도 분명했다. 대사간 이행(李荇)은 신 씨를 복위시킨 후 그녀에게서 아들이라도 태어난다면 장경왕후의 아들인 원자의 처지가 곤란하게 될 것을 우려했다. 대사헌 권민수(權敏手)도 이에 찬동했다. 그는 김정과 박상의 「상소」가 부정한 것이라고 했다. 대간들의 성화에 못 이긴 중종은 결국 김정과 박상에게 다음과 같은 비망기(備忘記)를 내리고, 이들을 추문하라고 명했다.

너희의 의논이 만약 올바르다면, 너희는 일찍이 대간·시종으로서 경악(經幄)을 출입했으니, 너희의 뜻을 말하기 어렵지 않았을 것이다. 장경왕후가 세상에 살아 있고 삼훈(三勳: 박원정·유순정·성희안)이 조정에 있을 때 개진해 의논했어야 했거늘, 이제 와서 반드시 신 씨를 복위하고자 할 것이라고 생각해 여럿의 마음을 요동시키니, 이는 무슨 뜻이냐?

『중종실록』 22권, 중종 10년 8월 13일

결국 「복위 상소」를 올린 김정과 박상은 귀양을 가게 되었다. 그나마 정광필(鄭光弼) 등의 대신들이 힘써준 덕분에 비교적 가볍게 처벌받은 것이다. 어쨌든 당대에 신 씨의 복위는 이루어지지 않았다. 신 씨는 폐서인의 신분으로 중종을 그리워하다가 생을 마감했다. 이후 현종·숙종 대에도 신 씨 복위 문제가 계속해서 제기되었으나 뜻을 이루지 못하다, 1739년(영조 15)에 이르러서야 유생 김태남(金台南)이 올린 「상소」로 말미암아 힘겹게 복위되었다.

조광조의 개혁 정치

중종은 즉위 후 연산군 대에 시행되었던 모든 정책에 혁신을 시도했다. 먼저 연회 장소로 사용하여 훼손된 성균관을 수리하고 경연을 다시 개설했다. 또한 두 번의 사화를 거치면서 화를 입었던 사람들의 억울함을 풀어주고 유학을 숭상하는 기풍을 조성했다. 이러한 일련의 조치로 학자들의 사기는 점차 살아났다.

중종은 연산군과는 달리 왕의 전제적 권한 행사를 피하고 유능한 유학자들의 의견을 존중했다. 이에 위로는 수기치인(修己治人)의 학문을 계발하고, 아래로는 교화 사업을 펼치게 되었다. 이러한 분위기에 편승해 도학 정치를 실현하려는 인재들이 계속해서 등용되었으며, 유숭조(柳崇祖)를 필두로 조광조의 동지들이 뒤를 이었다.

조광조는 정몽주-길재-김숙자-김종직-김굉필(金宏弼)로 이어지는 정통 사림파의 맥을 잇고 있었다. 평소 그의 독실한 학문과 절제 있는 몸가짐은 당시 소학 군자로 이름났던 김굉필에게서 "네가 곧 나의 선생이지 내가 너의 선생이 아니다"라는 말을 듣기에 충분했다. 그는 과거에 뜻을 두지 않았으며, 성현의 외풍을 흠모해 넓게 배우고 힘써 행하는 데 노력했다.

조광조는 1510년(중종 5) 사마시에서 장원으로 급제해 진사가 되어 성균관에 들어갔다. 한때 성균관 유생들의 천거와 이조판서 안당(安瑭)의 적극적인 추천으로 특별히 6품직을 받아 조지서 사서에 임명되었다. 그러나 이것을 매우 불쾌히 여긴 조광조는 1515년(중종 10) 가을 알성별시에 급제해 성균관 전적이 되었다. 이후로 그는 전례가 없을 정도로 빠르게 승진했다. 그리고 관직이 사간원 정언에 이르자, 그는 평소 자신이 생각해오던 이상 사회에 대한 소신을 펼치기 시작했다. 조광조가 생각하는 이상 사회란, 지치(至治: 더할 나위 없이 잘 다스리는 정치)가 이루어지는 사회였다. 훈구파의 권력 독점에 따른 부작용이 심화될수록 요순시대를 향한 조광조의 목소리도 커졌다.

그렇다면 조광조가 추구했던 도학 정치란 무엇인가? 유교 경전 중 하나인 『중용(中庸)』에는 "천명(天命)을 성(性)이라 하고, 성에 따르는 것을 도(道)라 한다"는 구절이 나온다. 즉 도를 따르는 것은, 곧 천명을 따르는 것이란 의미다. 이치를 궁구하고 마음을 바르게 하며 도에 근거해 진퇴와 출처를 결정하는 학문, 의리와 명분의 실전을 너없이 끙조히는 학문, 이것이 바로 도학이다. 도학은 한마디로 본성을 지키며 천명에 순응하는 학문이다.

도학 정치는 도학을 정치와 교화의 근본으로 삼아 왕도 정치를 지향하는 정치 형태를 말한다. 모든 군주가 요순처럼 되기 위해 노력하는 사회, 모든 신민이 요순의 신민을 본받는 사회를 만드는 것이 도학 정치의 궁극적인 목표였다. 모든 성리학자는 요순시대의 이상 정치를 갈망했지만, 이것을 전부 도학 정치라 부르지는 않는다. 그런데 조광조는 지치주의를 재현할 수 있다는 강한 확신 속에서 모든 노력을 기울였고, 이것이 이 시기 도학 정치의 역사적인 의미라고 할 수 있다.

조광조가 이룩하려던 도학 정치의 근본 이념은 위민(爲民)과 애민(愛民)에 있었다. 이러한 사상은 그의 저서에도 그대로 담겼다.

무릇 임금과 신하는 백성을 위해 있는 것입니다. 윗사람과 아랫 사람이 이 뜻을 알고 백성을 마음속에 새긴다면 잘 다스리는 방도를 이룩할 수 있을 것입니다.

『정암집』3권

당시 백성의 삶은 매우 어려운 지경이었다. 훈구파의 대토지 소유, 세금 제도의 모순, 군역의 과중 등이 원인이었다. 조광조는 모든 폐단을 향리에서 직접 목격했다. 조광조의 위민·애민 사상은 구호가 아닌 생생한 체험의 결과였던 것이다.

그런데 이상 정치를 실현하기 위해서는 군주의 현명함이 전제되어야 했다. 군주는 어질고, 늘 학문에 힘쓰는 존재여야 했다. 이에 덕치(德治)와 인정(仁政)이 강조되었다. 군주가 스스로 학문을 연마하고 덕성을 배양할 때 백성을 올바른 길로 인도할 수 있기 때문이다. 이것이 바로 조광조가 구상한 올바른 군주상, 즉 '현철군주론(賢哲君主論)' 혹은 '성군론(聖君論)'이었다.

한편 어진 군주는 대신을 예우할 줄 알아야 했다. 대신을 성의로써 감동하게 해 군신 간에 신뢰를 확보할 때 이상 정치가 실현될 수 있다고 믿었다. 그리고 대신은 왕이 현명한 군주가 될 수 있도록 보필하고, 여러 신하는 공론을 수렴할 수 있는 역량이 있어야 했다. 군주와 대신의 권리와 의무는 이렇게 규정되었다. 군주의 전제를 막고 대신의 전횡을 처단하기 위한 논리였다. 지치의 실현은 군신이 서로 화합하는 풍토에서 가능한 것이었다.

특히 조광조는 지치의 구체적인 방법으로 임금이 자신의 마음을 밝혀 군자와 소인을 분별할 것을 주장했다. 그는 군자와 소인을 얼음과 숯이 서로 용납하지 못하는 것에 비유하면서, 공정한 의리를 추구하는 군자와 사사로운 이익을 추구하는 소인을 분별했다. 그리고 군자를 존중하고 소인을 물리쳐야만 백성을 위한 정치를 베풀 수 있다고 생각했다. 조광조가 군자와 소인의 변별을 중시했던 것은 사화로 무참히 제거된 사림의 저항 의식이 표출된 것이기도 했다.

이러한 분위기 속에서 이상 정치를 실현할 군자의 위치가 중요한 문제로 떠올랐다. 그러면서 사림이 정치에 참여할 길을 넓히고, 정치 풍토를 바로잡기 위한 노력이 계속되었다. 현량과와 같은 인재 등용 제도가 등장한 것도 그런 노력의 일환이었다.

조광조는 언로 확충에도 많은 노력을 기울였다. 그는 언로가 국가 운명과 직결된다고 생각했다. 도학 정치를 실현하려면 무엇보다 언로의 개방이 필요했다. 군주가 여론을 충분히 수렴해 행하는 정치야말로 이상 정치의 표준이었기 때문이다. 그러면서 대간이 더욱 중요한 존재로 부상했다. 국가의 기강을 유지하려면 일신의 안위를 돌보지 않는 대간이 필요했다. 조광조는 다른 사람의 사소한 허물을 흠잡는 탄핵을 위한 탄핵이 아니라, 국가를 위해 원대하게 활동해주는 대간이야말로 국가 경영의 중추라고 여겼다.

조광조가 언로의 확충과 대간의 임무를 중시한 이유는 바로 훈구파를 타도하기 위해서였다. 인사권을 장악한 훈구파를 견제하기 위해서는 언관의 탄핵권을 충분히 활용할 필요가 있었다. 당시 사림파는 주로 언론삼사에 포진해 있었고, 이들의 주장에 힘을 싣기 위해서는 언로의 확충을 강조하고 대간의 위상을 강화해야만 했다.

소격서 혁파

조광조를 비롯해 그와 뜻을 같이하는 동지들이 조정의 내외 요직을 차지했다. 이들은 지치를 실현하기 위해 옛 성현의 궤범을 준수하고자 노력하는가 하면, 전해 내려오는 규범과 습관을 개혁하기도 했다. 여러 가지 새로운 제도를 시행하고 미신을 타파했다. 또한 교화를 보급해 이상적인 신세계를 이룩하려고 했다.

조광조는 특히 소격서 혁파를 주장했다. 소격서는 도교 사상에 입각해 도교 의식을 행하기 위해 설치한 예조 소속의 관청이었다. 태종 이전에는 소격전(昭格殿)이라고 불렸으며,

1466년(세조 12)부터 소격서라고 불렀다. 소격서에서는 도교의 일월성신(日月星辰)을 구상화(具像化)한 상청(上淸)·태청(太淸)·옥청(玉淸) 등을 위해 삼청동에 성제단(星祭壇)을 설치하고 국가에 흉사가 있을 때 제사를 지냈다. 주로 수해나 가뭄과 같은 천재지변이 있을 때 제사를 지내며 기도를 올렸다.

그런데 이러한 것이 유학자인 조광조의 눈에는 비합리적이고 백성을 우롱하는 처사로 보였다. 그에게 소격서는 정치를 방해하고 정도를 해치며 세상을 속이는 것이므로 하루속히 혁파해야 할 대상이었다.

소격서 혁파 문제가 조광조에 의해서 처음 제기된 것은 아니었다. 중종 초부터 여러 대신과 대간, 유생까지 합세해 꾸준히 문제를 제기했다. 그러나 중종은 제천 행사의 유래가 이미 오래된 것이고, 세종과 성종 때도 효험이 있었으므로 소격서를 갑자기 혁파할 수 없다는 입장이었다.

그러다 1518년(중종 13)에 다시 언론삼사와 예문관에서 앞다투어 소격서를 없애자고 주장했다. 그래도 중종은 이를 허락하지 않았다. 이때 당시 부제학이었던 조광조가 여러 동료를 거느리고 합문 밖에 엎드려 네 번이나 장계를 올렸다. 그래도 중종이 허락하지 않자, 조광조는 승지를 통해 "이 일을 허락받지 못하면 물러가지 않겠다"고 전했다. 날이 저물자 대간이 모두 물러갔다. 그러자 조광조는 동료에게 "날이 이미 저

물었고 대간들도 모두 이미 물러갔으니 우리가 비록 죄를 입더라도 마땅히 정성을 다해 아뢰고 밤이 새도록 물러가지 않아서 기어코 임금의 마음을 돌려야 한다"고 했다. 그러고는 밤이 되어도 내궐에서 불러나지 않고 재가를 기다렸다. 결국 중종은 마지못해 이들의 주장을 받아들여 그해 9월 소격서 혁파를 허락했다.

이 일로 중종은 조광조에게 좋지 않은 감정이 생겼다. 신하로서 왕에게 간할 때는 기회를 봐서 점진적으로 깨닫게 해야 하는 것이 마땅했다. 그러나 조광조는 자신이 옳다고 생각하는 것은 무조건 밀어붙였다. 왕은 이것을 강요와 핍박으로 여겼다. 혹자는 훗날 일어난 기묘사화의 불씨가 이 일로부터 비롯되었다고 말하기도 한다.

현량과 시행

조광조는 과거 제도가 사장(詞章: 시가와 문장)에만 치우쳐 경박한 풍습을 조장한다고 비판했다. 그러면서 천거의 일종인 현량과 시행을 발의했다. 현량과는 시험을 보지 않고 재주와 행실만으로 인재를 뽑는 것으로, 중국 서한에서 시행한 적이 있는 제도였다. 내외의 요직에 있는 사람이 직접 재주와 행실을 갖춘 선비를 천거하면 왕이 선택을 하는 방식이었다. 조광조 등은 현량과의 시행이야말로 현 시국의 어려움을 타개하는 첩경이라고 주장했다. 처음에는 일부 대신의 반대로 시행되지 못하다가 1519년(중종 14)에 비로소 시행되었다.

서울에서는 사관(四館: 교서관·성균관·승문원·예문관)이 후보자를 천거해 성균관에 올리면, 성균관에서 이를 다시 예조에 올렸다. 중추부·육조·한성부·홍문관·사헌부·사간원 등에서도 예조에 후보자를 천거할 수 있었다. 지방에서는 유향소에서 수령에게 천거하면 수령이 관찰사에, 관찰사는 예조에 후보자를 알렸다. 예조에서는 후보자의 성명·출생연도·자(字)와 함께 천거 사항 7항목, 즉 성품·기국·재능·학식·행실·지조·생활 태도 등을 종합해 의정부에 보고했다. 그리고 이들을 한자리에 모아 왕이 참석한 가운데 시험을 쳐 선발했다.

1519년(중종 14) 4월, 천거된 120명의 후보자가 근정전에 모여 시험에 응시했다. 그 결과 김식(金湜)이 장령(정4품 관직)에, 박훈(朴薰)이 지평(정5품 관직)에 오르는 등 28명이 선발되었다. 이들은 대부분 조광조의 추종자로, 홍문관을 비롯해 사헌부·사간원·승정원·성균관 등 주요 기관의 요직에 기용되었다. 조광조와 뜻을 함께한 이들은 안당, 김정, 이자(李耔), 김안국(金安國), 권벌(權橃) 등의 비호를 받으며 고속으로 승진했다. 일종의 특혜였다.

현량과는 신진 사림에게 더할 나위 없는 출세의 기회였으나, 훈구파에게는 불리한 제도였다. 그리하여 훈구파 관료들은 현량과가 공정한 인재 등용 방법이 아니라며 반대했다. 특히 홍경주, 남곤(南袞)은 천거된 자들이 어질지 못하고 행실도 나쁘다며 인신공격했다.

현량과 시행으로 조광조는 그의 세력을 확고히 할 수 있었다. 현량과의 목적은 지치 실현을 표방하며 사림 세력을 강화하는 데 있었다. 그러나 나중에는 이것이 조광조의 발목을 잡아 실각의 원인이 되고 만다. 이후 기묘사화를 거치면서 조광조를 비롯한 사림파가 실각하자 현량과도 함께 폐지되었고, 현량과를 통해 등용된 급제자들 역시 자격을 박탈당했다. 이들은 인종 말년에 자격이 잠시 복구되었으나, 명종이 즉위하면서 다시 박탈되는 수모를 겪었다. 이들의 자격이 다시 회복된 것은 본격적인 사림의 시대가 열린 1568년(선조 1)이 되어서였다.

『소학』 실천과 향약 보급 운동

조광조 일파는 사류의 기풍을 바로잡기 위해서는 『소학(小學)』을 널리 읽게 해야 한다고 주장했다. 『소학』은 송나라 때 주자의 뜻에 따라 그의 문인인 유자징(劉子澄)이 쓴 책이다. 고려 말에 성리학과 함께 전해진 이래로 유교 교양을 갖추기 위한 기본 학습서로 주목받았다.

사실 15세기까지는 『소학』에 그렇게 큰 비중을 두지 않았고, 그저 시험을 보기 위해 읽는 정도였다. 그러다 16세기에 이르러 『소학』이 사림의 필독서로 주목받기 시작했다. 특히 조광조의 스승이었던 김굉필은 스스로를 '소학동자'라고 할 정도로 일생을 『소학』 실천에 힘썼다.

『소학』은 이름 그대로 아이들이 배우는 예절 교과서였다. 그런데 내용은 나이나 신분과 관계없이 모든 사람이 일상 생활에서 지켜야 할 예법을 여러 책에서 발췌해 모아놓은 것이었다. 그러므로 『소학』의 정신을 실천한다는 것은 성리학적 인간형을 만들어내는 것을 의미했다. 연산군 때에는 사화를 거치면서 재앙을 불러오는 책이라며 『소학』이 금기시되기도 했다. 조광조 일파는 이러한 『소학』이 다시 주목받도록 힘썼다. 김안국은 중종에게 다음과 같이 청하기도 했다.

> 옛사람의 말이 "『소학』을 부모 같이 사랑하고 신명처럼 공경한다"고 했는데, 방심(放心)을 거두고 덕성을 함양하는 데 이보다 좋은 것이 없습니다. 이제부터 민간과 학궁(學宮)이나 중외로 하여금 모두 이를 숭상할 줄 알도록 한다면, 자연히 교화가 크게 흥기되어 『소학』의 도리가 온 세상에 밝아질 것입니다.
>
> 『중종실록』 26권, 중종 11년 11월 4일

이러한 주장을 받아들인 중종은 예조에 명해 『소학』을 널리 보급하도록 했고, 김안국은 직접 『소학』을 우리말로 번역하기도 했다.

한편 중종 대 사림은 『소학』뿐만 아니라 향약을 보급하는 데도 노력했다. 성종 대에 영남 사림은 향촌 사회에서 자신들의 세력 기반을 구축하기 위해 유향소를 다시 설치하고자 했다. 그러나 설치된 유향소 대부분을 훈구 세력이 장악하자 그 대신 사림은 향약을 시행하려 했다.

향약은 1076년 송나라 신종 때 여대균(呂大鈞) 등 여 씨 4형제가 일가친척과 그들이 사는 향촌을 교화할 목적으로 창안한 향촌 자치 규약이었다. 그리하여 이를 '여씨향약(呂氏鄕約)'이라고도 했다. 그 후 100년이 지나 주자는 풍속의 교화를 목적으로 이를 일부 개정해 '주자증손여씨향약'이라고 했다. 주자가 만든 향약은 좀 더 체계화된 향촌 사회 안정 원리였다. 그런 만큼 성리학을 수용한 조선 사회에서는 향약 시행에 대한 관심도 커졌다. 그런데 향약의 보급이 사회 운동으로 의미가 있었던 것은 사림 세력이 본격적으로 중앙 정계에 진출하면서부터였다.

1517년(중종 12)에는 김안국이 언해(諺解)한 『여씨향약언해』가 간행되었다. 『여씨향약』은 주자학과 더불어 이미 고려 말에 전래했으나, 주해가 없어 일반 백성이 이해하기 어려웠다.

이에 성리학적 교화에 열성적인 인물이었던 김안국이 『여씨향약』을 언해해 간행함으로써 민간에 널리 보급할 수 있게 되었다. 향약은 주로 사림 세력이 우세한 지역인 충청·경상·전라도 등을 중심으로 보급되었고, 왕명에 따라 전국 8도로 퍼져나갔다.

이처럼 사림은 『소학』과 향약 보급 운동을 통해 성리학적 향촌 질서를 수립하는 동시에 자신들의 세력 기반을 확대해 나가고자 했다. 그러나 도학 정치 실현을 목적으로 제기된 향약 운동은 급진적인 개혁 이념 때문에 추진 과정도 매우 급할 수밖에 없었다. 그 바람에 기존 향촌 세력과 심한 갈등을 일으키고 말았다. 그러다 1519년(중종 14)에 일어난 기묘사화로 조광조 일파가 몰락하면서 향약 보급 운동도 함께 근절되었다.

중종 때 일어난 향약 보급 운동은 전통과 조화된 자치적인 것이 아니라 이상에 치우친 당국자들에 의해 선도되었다. 이러한 관주도적(官主導的) 향약 운동은 한계가 있을 수밖에 없었다. 조광조도 이러한 점을 지적하곤 했다. 이것은 주자 향약을 당시의 조선 사회에 맞게 변형하지 못했음을 의미했다. 성리학에 대한 완전한 이해와 독자적인 체계가 수립된 조선 향약의 성립은 훗날 퇴계, 율곡이 등장한 시기에 가서야 비로소 이루어질 수 있었다.

위훈 삭제 사건

도학 정치 사상에 입각한 개혁 정치에 앞장서던 조광조는 정국공신, 즉 중중반정 당시 공신 판작을 받은 사람 중 그다지 큰 공이 없음에도 공신 칭호를 받은 자의 관작을 취소해야 한다고 주장했다. 그는 대간을 이끌고 궁문 밖에 엎드려 다음과 같이 아뢰었다.

정국공신은 세월이 오래 지나기는 했으나, 이 공신에 참여한 자에는 폐주의 총신(寵臣)이 많은데, 그 죄를 논하자면 워낙 용서되지 않는 것입니다. 폐주의 총신이라도 반정 때에 공이 있었다면 기록되어야 하겠으나, 이들은 또 그다지 공도 없습니다. 대저 공신을 중히 여기면 공과 이(利)를 탐내어 임금을 죽이고 나라를 빼앗는 일이 모두 여기서 말미암으니, 임금이 나라를 잘 다스리려면 먼저 이(利)의 근원을 막아야 합니다. 성희안은 그때에도 그렇게 하지 않으려 했으나, 유자광이 자신의 자제·인아(姻婭: 혼인한 집안)를 귀하게 하려고 그렇게 했으니, 대저 이것은 소인이 모의에 참여해 만든 일입니다. 지금 상하가 잘 다스려지기를 바라는 때에 이(利)를 앞세워 이 일을 개정하지 않는다면 국가를 유지할 수 없을까 걱정스럽습니다.

『중종실록』 37권, 중종 14년 10월 25일

그리고 반정공신 2, 3등 중에서 가장 심각한 일부와 4등 공신 전원을 포함한 76명은 모두 공이 없으면서 나라의 녹을 함부로 먹는 자들이니 이를 삭제해야 한다고 했다. 조광조가 공신 칭호 삭제를 요구한 사람 중에는 유순, 김수동(金壽童) 등과 같이 연산조 말기의 조정 중신 대다수가 포함되었다.

사실 반정 초기부터 이러한 요구는 꾸준히 있었다. 대사헌이었던 이계맹(李繼孟) 등은 원종공신이 너무 많다며 진위를 밝히고자 한 적이 있었다. 그러나 이러한 주장은 조정에 포진하던 반정공신들의 반대로 뜻을 이루지 못했다. 그래도 일등공신 유자광은 계속된 탄핵으로 파직되었으며, 그의 아들과 사위, 손자들도 훈적이 삭제된 채 먼 곳으로 귀양을 갔다.

박원종과 성희안에 대해서도 연산조 시절의 개인 비리 등을 문제 삼은 대간들의 공격이 계속되었다. 그러나 이들은 반정 후 정권의 핵심이자 원로대신이었기 때문에 이들을 소인배로 몰아세우는 것은 매우 위험한 일이었다. 중종 역시 공신 세력을 의식해 대간들의 요구를 받아들이지 않았다. 그런데 조광조가 다시 한 번 위훈 삭제 문제를 들고나온 것이다. 이는 훈구 세력을 몰아내기 위해서 우선 공신 세력부터 위축시킬 필요가 있다고 판단한 조광조의 정치 공세였다.

중종은 위훈 삭제 주장을 쉽게 받아들이지 않았다. 결국 중종이 일곱 번째 「상소」까지 물리치자 함께 「상소」를 올렸던 대간 전체가 사직하는 강수를 두었다. 이들은 중종이 여러 차례 복직할 것을 권유했지만 모두 거부했다. 이번 일이 국가 대사임을 강조하기 위함이었다. 설사 극형에 처해지더라도 이 일만은 반드시 성취하겠다는 결의의 표현이었다. 그러자 공신 개정은 일찍이 없던 일이라며 계속 허락하지 않던 중종도 어쩔 수 없이 공신의 4분의 3에 해당하는 76명의 훈적을 삭제했다.

위훈 삭제 사건은 표면적으로는 조광조의 승리처럼 보였다. 그러나 이 일로 중종은 조광조를 비롯한 사림 세력이 주장하는 도학 정치에 대해 염증을 느꼈다. 결국 중종은 조광조 일파에게 반감을 품은 훈구 세력과 결탁해 사림 세력 공격에 나서게 되었다. 중종도 처음에는 사림 세력에 우호적이었다. 공신 세력을 견제하기 위해 사림을 끌어들인 중종은 이들과 경연에서 경전을 토론하고 시사를 논하는 것을 좋아했다. 조광조에 대한 중종의 애정과 신뢰도 각별했다. 그러나 사림은 아침부터 저녁까지 강론을 계속하면서 군주의 수신을 강요하고 과격한 주장을 일삼는 등 왕을 몹시 피곤하게 했다.

기묘사화

남곤, 심정(沈貞), 홍경주 등 훈구파는 중종의 불편한 마음을 알아차렸다. 이들은 드디어 일을 꾸미기 시작했다. 공신들의 위훈을 삭제한 사건이 결정적인 계기가 되었다. 마침 그즈음 큰 지진이 일어나 왕의 근심이 컸다. 이들은 지진을 가리켜 신하가 나랏일을 제 마음대로 하고 장차 모반을 꾀하려는 징조라고 간언했다. 이것은 조광조를 염두에 둔 발언이었다.

그리고 이를 증명이라도 하듯 궁 안의 한 나무에서 '수조위왕(走肖爲王)'이라는 글자가 파진 나뭇잎이 발견되었다. 이것은 남곤, 심정 등이 나뭇잎에 글자 모양으로 꿀을 미리 발라놓고 벌레가 파먹게 한 것이었다. 그러고는 이것이 저절로 된 것처럼 꾸몄다. 여기서 '주초(走肖)'는 '조(趙)'자를 파자(破字)한 것으로 조 씨, 즉 조광조가 왕이 된다는 것을 의미했다. 남곤, 심정 등은 궁인을 시켜 글자가 새겨진 나뭇잎을 왕에게 바치게 했다.

마침내 중종은 1519년(중종 14) 11월 15일 한밤중에 신무문(경복궁의 북문)을 열고 재상들을 불러들였다. 대궐문을 여닫으려면 승지에게 알려야 하므로 열쇠를 승정원에 보관했는데, 신무문의 경우에는 열쇠를 사약방(司鑰房)에 두었다. 중종이 다른 문이 아닌 신무문을 통해 재상들을 들인 것은 승지와 사관이 모르게 일을 꾸미려는 조치였다. 때맞춰 홍경주 등이 조광조 일파의 죄를 다음과 같이 아뢰었다.

조광조 등을 보건대, 서로 붕당(朋黨)을 맺고서 저희에게 붙는 자는 천거하고 저희와 뜻이 다른 자는 배척하고 있습니다. 성세(聲勢)로 서로 의지해 권요(權要)의 자리를 차지하고, 위를 속이고 사정(私情)을 행사하되 꺼리지 않고, 후진을 유인하여 궤격(詭激: 언행이 정상을 벗어나고 격렬함)이 버릇이 되게 해 젊은 사람이 어른을 능멸하고 천한 사람이 귀한 사람을 방해해 국세(國勢)가 전도되고 조정이 날로 굴러가게 했습니다. 그리하여 조정의 신하들이 속으로 분개하고 한탄하는 마음을 품었으나 그 세력이 치열한 것을 두려워해 아무도 입을 열지 못하며, 측목(側目: 두려워서 바로 보지 못하고 곁눈으로 보는 것)하고 다니며 중족(重足: 두려워서 활보하지 못하고 발을 포개 모아 서 있거나 발을 좁게 떼어 걸음)하고 섭니다. 사세가 이렇게까지 되었으니 한심하다 하겠습니다. 유사(有司)에 붙여 그 죄를 분명히 밝혀 바로잡으소서.

『중종실록』 37권, 중종 14년 11월 15일

중종은 홍문관과 승정원에 입직한 관원을 모두 잡아 가두도록 명했다. 승정원에서는 그제야 사태의 전모를 알게 되었다. 그러나 이미 사태는 돌이킬 수 없었다. 중종은 조광조·김정·김식·김구(金絿) 네 사람에게는 사약을 내리고, 나머지는 귀양을 보내게 했다. 그러나 정광필·안당 등의 간청으로 모두 귀양을 보내는 것으로 감형되었다.

화가 일어나자 이에 반발한 관학의 여러 유생이 거리로 나와 대궐로 향했다. 이때 광화문에 모인 자가 1,000여 명에 이르렀다. 이들은 조광조의 무죄를 호소하는 「소」를 바치려다 문지기에게 저지당했다. 격분한 유생들의 소요로 대궐 앞이 소란스러웠고 그 소리가 궐 안의 왕에게까지 들렸다. 중종은 남곤 등이 "조광조가 인심을 얻어 나라가 위태롭다"고 하는 말을 실감하고는 분노했다. 그리고 한 달 뒤 중종은 조광조에게 사약을 내렸다. 조광조는 왕에 대한 조금의 의심이나 원망 없이 사약을 받았다. 퇴계 이황(李滉)은 그의 이런 마음을 『퇴계집』에 다음과 같이 담았다.

> 임금 사랑하기를 어버이 사랑하듯이 하고 나라를 내 집안 근심
> 하듯이 했노라. 밝은 해가 이 땅을 비치고 있으니 내 붉은 충정을
> 밝혀 비추리라.
>
> 『퇴계집』, 정암 조 선생 행장

평소 『소학』을 독실하게 믿고 『근사록(近思錄)』을 존숭했던 조광조는 효도와 우애를 몸소 실천했고 가난한 선비의 도를 지켰다. 지조를 굽히지 않았던 정치가이자 급진적인 개혁가였던 그는 38세의 젊은 나이로 죽었다.

김정, 기준(奇遵), 한충(韓忠), 김식 등도 귀양 갔다가 사사 또

는 자결했다. 이 밖에 김구·박세희(朴世熹)·박훈·홍언필(洪彦弼)·이자·유인숙(柳仁淑) 등 이른바 조광조에게 동조했던 사림 수십 명이 귀양을 갔다. 또한 이들을 두둔했던 안당·김안국·심성국노 파직을 당했다. 이 사건이 1519년(중종 14)에 일어난 기묘사화이며, 이때 희생된 사람들을 기묘명현(己卯名賢)이라고 한다.

조광조의 평가

도학 정치를 외치며 이상 사회 건설을 위해 노력했던 조광조의 꿈은 끝내 실현되지 못했다. 중종의 염증과 훈구파의 탄압 때문이었다. 중종도 처음에는 조광조의 도학 정치에 공감해 그를 대사헌이라는 요직에 중용하기도 했다. 4년의 관직 생활 동안 조광조는 중종의 지극한 신임을 받았다. 그는 의리를 밝혀 폭군과 반정공신들이 탐욕과 부정으로 어지럽힌 정치 풍토를 개혁하고자 했다. 또한 선비의 기개를 높이고 기풍을 바로잡으며 백성을 보호하는 지치의 이상을 실현하고자 했다.

조광조는 집요한 사람이었다. 자신의 이상을 실현하기 위해서는 뒤도 돌아보지 않는 추진력이 있었다. 조정에서의 모든 삶은 도학과 도학 정치를 주장하는 데 투자한 세월이었다.

그러나 도학 강의에 밤을 지새우는 경우가 많아서 중종은 점점 싫증을 내게 되었다. 도학 앞에서는 왕도 절대적인 존재가 아니었다. 도학은 왕보다 위에 존재하고 있었다. 이러한 점 때문에 왕과 훈구 세력은 도학 정치를 표방한 과도한 개혁에 위기의식을 느꼈다.

훗날 이황은 조광조와 기묘사화에 대해 다음과 같이 평가했다.

정암은 자질이 참으로 아름다웠으나 학력이 충실하지 못해 실행한 바가 지나침을 면치 못하고 결국은 실패를 초래하고 말았다. 만일 학력이 넉넉하고 덕기(德器)가 이루어진 뒤에 나와서 나라의 일을 담당했던들 그 성취를 이루 헤아리기 어려웠을 것이다. 군민이 요순시대의 군민과 같고 또 비록 군자의 뜻이 있다 하더라도 때와 힘을 헤아리지 않으면 안 되는 것이다. 기묘의 실패는 여기에 있었다.

『퇴계집』「언행록」 5권

퇴계의 글에서도 알 수 있듯이 조광조와 그의 동지들은 높은 이상을 가지고 요순시대와 같은 지치를 꿈꿨다. 그러나 실행 방법이 과격했고 때와 역량을 헤아림도 부족했다. 그리하여 신진 세력은 왕권을 배경으로 한 기성 세력과의 정쟁에서 패했고, 다시 한 번 좌절의 비극을 겪어야 했다.

그러나 조광조의 실패에도 불구하고 도학 정치는 많은 것

을 남겼다. 우선 학풍에 큰 변화가 생겨 문장보다는 경학을 중
시하는 풍토가 점차 조성되었다. 퇴계와 율곡 같은 대현(大賢)
도 이러한 풍토 위에서 등장할 수 있었다. 나아가 도학 정치의
영향은 사회 전반에 확산되어 조선 사회의 풍습과 사상을 유
교식으로 바꾸어놓은 데 결정적인 역할을 했다.

삼포 왜란

1510년(중종 5), 삼포(三浦)에 거주하던 왜인들이 조선의 처
우에 불만을 품고 폭동을 일으켰다. 삼포는 왜인들의 왕래와
거주가 허락된 부산포·제포·염포의 세 포구를 말한다. 조선
에서 삼포에 한정해 왜인의 출입과 거주를 허락한 이유는 왜
구의 노략질을 사전에 방지하기 위해서였다. 왜구의 폐해를
줄이려면 그들에게 일정한 통로를 열어주어야 했다. 그러면
서도 한편으로는 국방상의 보안을 고려해야만 했다. 이에 교
린의 차원에서 부분적인 교류는 허용하면서도 왜인의 무질서
한 입국을 통제하기 위해 활동 지역을 삼포로 한정지었다.

고려 말 이래로 왜구의 노략질은 변방의 크나큰 근심이었
다. 조선은 이를 응징하기 위해 1419년(세종 1)에 대마도 정벌
을 단행했다. 이후 조선과 교섭이 단절된 일본은 생존의 차원
에서 무역 재개를 간청해왔다. 이에 세종은 1426년(세종 8)에

부산포를 개항해 왜인의 거주를 허락한 데 이어 1436년(세종 18)에는 염포와 제포를 개방했다. 염포와 제포의 개방은 부산포에 집중된 왜인을 분산시키려는 조처였다.

왜구 전환 정책으로 시행된 삼포 개방은 이 세 곳을 무역선이 왕래하고 왜관이 설치되는 등 조일 교역의 거점으로 만들었다. 그러나 삼포라 할지라도 왜인이 무작정 자유롭게 왕래할 수는 없었다. 무역선은 삼포에 한정적으로 출입할 수 있었고, 무역과 어로가 끝나면 곧바로 일본으로 철수해야 했다. 다만 거류한 지 오래된 60여 명의 항거왜인(恒居倭人)은 잔류할 수 있었다.

사실 왜인에 대한 조선의 유화·포용책은 도리어 많은 부작용을 낳았다. 조선은 자국의 경제적인 부담을 감수하면서까지 왜인의 요구를 최대한 수용했다. 그러자 조선의 후한 대접과 하사품을 노리고 오는 왜인이 많았다. 이들은 규정을 지키지 않고 무질서하게 삼포에 들어와 살았고 그 수가 해마다 늘어났다. 따라서 이에 대한 대비책을 마련해야만 했다. 성종은 기존의 유화적인 태도에서 벗어나 왜인을 철저하게 단속·통제했고 무역량도 엄격하게 규제했다. 연산군도 성종 대의 분위기를 이어갔는데, 조정의 재정 궁핍까지 더해지자 왜인에 대한 처우는 더욱 열악해졌다. 그러자 왜인은 불만을 강하게 드러내며 소란을 피우기 시작했다.

그런 가운데 반정을 통해 왕위에 오른 중종은 정치 개혁의 차원에서 왜인을 더욱 엄격하게 통제했다. 엄격한 통제라고는 하지만 원래 정해진 규정을 원칙대로 준수하는 것에 불과했다. 그런데도 상습적인 규정 위반에 익숙해진 왜인은 조선의 대응책에 강하게 반발하며 급기야 폭동까지 일으켰다.

1510년(중종 5) 4월 4일 제포에 거주하는 왜인의 우두머리 격인 오바리시(大趙馬道)와 야스코(奴古守長) 등이 대마도주의 아들 종성홍(宗盛弘)을 대장으로 추대하고 폭동을 일으켰다. 폭동에 동원된 군사는 4,000~5,000명이었다. 이들은 제일 먼저 부산포를 공격해 부산진첨사 이우증(李友曾)을 살해했다. 이우증이 왜인에게 심한 사역을 강행했던 탓에 공격의 초점이 되었던 것이다. 부산진을 공격해 인명을 살상하고 민가를 불태운 폭도는 뒤이어 제포를 공격하고 제포첨사 김세균(金世鈞)을 납치했다. 이후 폭도는 여세를 몰아 웅천과 동래까지 공격했다.

삼포 왜란은 전면적인 전쟁이 아닌 부분적인 반란에 불과했지만 폭도의 규모는 엄청났다. 4,000~5,000명의 육상 병력이 동원된 것을 비롯해 해상에서도 125척의 군함이 동원되었다. 수륙 양면 공격으로 반란의 거점인 삼포는 약 6일 만에 거의 초토화되었다. 사태가 이처럼 심각하게 돌아가자 조정에서도 대응책을 마련하지 않을 수 없었다.

경상우병사 김석철(金錫哲)에게 사태를 보고받은 중종은 좌의정 유순정을 도순찰사에, 황형(黃衡)과 유담년(柳耼年)을 경상좌도방어사와 경상우도방어사에 각각 임명하고 폭동 진압을 명했다. 추가로 유순정을 경상도 도원수에, 우의정 성희안을 도체찰사 겸 병조판서에 새롭게 임명해 진압 작전에 만전을 기했다. 이때 동원된 조선의 군사는 5,000여 명이었다. 그러나 사기가 오른 폭도를 저지하는 일은 쉽지 않았다. 삼포 인근의 수령 중 문관 출신이 많아 군대를 효과적으로 통솔하지 못한 것도 문제였다. 그러다보니 폭도의 위세에 번번이 위축되기 일쑤였다.

왜인이 폭동을 일으킨 이유는 조선에 위협을 가해 앞으로의 무역 관계에서 유리한 고지를 장악하는 데 있었다. 이런 의미에서 이들이 원수처럼 여긴 이우증을 제거함으로써 일차적인 목적은 달성한 셈이었다. 이들은 전면전이나 장기전을 바라지는 않았다.

그런 가운데 제포에 집결한 조선의 진압군은 폭도에 대한 총공격을 강행했고, 대장인 종성홍을 제거하는 데 성공했다. 그러자 삼포에 거류하던 왜인이 모두 대마도로 도주했고 이로써 왜란은 평정되었다. 이 과정에서 조선은 군민 270여 명이 피살되고 민가 800여 채가 소실되는 손실을 입었다. 왜인쪽 손실도 적지 않았다. 군함 5척이 격침되고 300여 명이 사살되었다.

왜란의 결과로 삼포는 완전히 폐쇄되었고, 이러한 상태는 1512년(중종 7) 임신(壬申) 조약이 체결되어 조선과 왜국 간 국교가 정상화될 때까지 계속되었다.

비변사 설치

조선 초기 뜸했던 왜구와 여진의 침입이 성종 대에 들어오면서 차츰 빈번해지기 시작했다. 당시 조선의 군사 방략은 원칙적으로 의정부와 병조에서 정해졌다. 그러나 문치주의가 점차 안정화 추세에 접어들자 군사 책임자도 이 분야의 실무적 경험이 없는 인물들이 임명되었다. 이들에 의해 수립된 정책은 현실성이 모자라기 십상이었다.

이러한 단점을 보완하고자 의정부의 삼정승과 병조의 주요 인사는 물론 변경 지방의 군사 책임자를 지낸 인물까지 참여시킨 기구를 만들어 군사 전략과 전술을 논의하게 했다. 이때 이 기구에 참여한 인사들을 '변방의 국방을 담당하는 재상'이라는 뜻의 지변사재상(知邊事宰相)이라고 불렀다.

한편 1510년(중종 5)에 삼포 왜란이 발생하자, 이에 놀란 중종은 지변사재상을 급히 소집해 방어책을 논의하게 했다. 그리고 아예 비변사(備邊司)라는 임시 기구를 만들어 비상시국에 대비하도록 했다. 이후 외침이 있을 때마다 비변사는 한시적으로 설치·운영되었다.

사실 비변사는『경국대전』에도 없던 초법제적 기구였다. 외침을 당했을 때 효율적인 정책 수립을 위해 만들었다고는 하지만, 자칫하면 기존의 의정부나 육조를 압도할 위험이 있었다. 그것은 조선 행정 체제의 근거를 흔드는 일이었다. 실제로 1522년(중종 17)에는 이러한 위험을 우려해 비변사를 폐지해야 한다는 일부의 목소리가 높아지기도 했다.

그러나 효율성 제고라는 명분으로 비변사의 기능은 거의 변화하지 않았다. 오히려 1555년(명종 10) 을묘왜변(乙卯倭變) 이후에는 독립된 합의 기구로 발전해 독립 청사까지 갖추는 등 법제화되었다. 그러나 당시만 하더라도 비변사는 어디까지나 군사 부분만을 담당하는 의정부의 하위 기관이었다. 물론 군사 부분을 어느 범위까지 보느냐에 따라 비변사의 권한이 비대해질 가능성은 충분히 있었다.

권신 정치의 출현

조선의 정치사에서 중종이 왕위에 있던 16세기 중엽은 세조 때부터 시작한 훈신 정치기가 마무리되고 사림 정치기로 넘어가던 시기였다. 계유정난을 통해 창출된 공신은 세조 이후 성종 대까지 무려 250여 명이나 양산되었다. 이때 양산된 공신들은 훈신 정치를 이끄는 주축으로 국가 권력을 독점하고 있었다. 그러나 점차 사림 세력이 성장해 훈신들이 권력 독점에 반발하고 국정 전반에서 발언권을 강화했다. 그러면서 양측의 반목이 가시화되었고, 이후 발생한 4차례의 사화는 그러한 반목의 여파였다.

1519년(중종 14)에 일어난 기묘사화로 인해 조광조가 죽고 그를 위시하던 사림파가 실권했으며, 다시 한 번 훈구파가 득세했다. 특히 훈신 계열의 일부 권신들이 권력을 장악하여 정사를 쥐고 흔들기 시작했다. 이러한 시기를 권신 정치 시대라고 한다.

권신 정치는 중종이 한때 조광조를 내세워 이루려 했던 유교적 도학 사상에 입각한 정치 개혁을 다시 제자리로 돌려놓았다. 조광조와 사림파가 의욕적으로 추진했던 향약과 현량과 시행, 소격서 폐지 등의 개혁안도 모두 물거품이 되고 말았다.

권신 정치의 포문을 연 사람들은 기묘사화를 주도한 심정·남곤·홍경주였다. 사람들은 이들을 기묘삼간(己卯三奸)이라고 불렀다. 그 후 이항(李沆)과 김극핍(金克愊)이 권신 대열에 합류했는데, 이들은 심정과 더불어 신묘삼간(辛卯三奸)이라고 했다. 그러나 이들의 권력도 오래가지 못했다. 이들을 몰아내고 권력을 잡은 사람이 나타났으니, 바로 김안로(金安老)였다.

김안로는 기묘사화 직후 이조판서에 등극하고, 그의 아들을 중종의 딸인 효혜공주(孝惠公主: 장경왕후 소생, 인종의 누나)에게 장가보내 척신이 되었다. 한때 그는 남곤·이항 등의 탄핵을 받아 유배되기도 했으나, 남곤이 죽고 난 후 유배에서 풀려나 다시 정계에 복귀했다. 돌아온 김안로는 심정을 죽이고 이행·정광필·김극성(金克成) 등을 귀양 보낸 후 권력을 장악했다. 김안로는 허항(許沆)·채무택(蔡無擇) 등과 함께 세자(인종)를 보호한다는 명목으로 전횡을 저질렀다.

그러나 이 역시 오래가지는 못했다. 그는 자신의 정적인 문정왕후를 폐비시키려다 오히려 역으로 당해 실각한 후 사사되었다. 김안로는 허항·채무택과 함께 정유삼흉(丁酉三凶)으로 불렸다.

이후에는 세자(인종)의 비호 세력인 대윤과 문정왕후을 비롯한 그 동생들의 세력인 소윤이 대결하며 권신 정치의 정점을 찍게 되었다.

우유부단했던 용군

중종은 1544년(중종 39) 11월 14일, 57세의 나이로 왕위를 세자에게 물려주고 죽었다. 중종은 신하들이 일으킨 반정으로 왕위에 올라 폐주 연산군이 어지럽힌 정사를 바로잡았다. 또한 반정 세력의 그늘에서 벗어나 조광조 등을 앞세워 개혁 정치를 펼쳐보려고도 했다. 그러나 중종은 이랬다저랬다 하는 우유부단한 태도 때문에 결국 뜻하던 성지 개혁을 이루지 못하고 충신도 간신도 살아남지 못하는 결과만 가져왔다.

처음에는 훈구파의 말을 듣고 기묘사화 등을 일으켜 사림을 어육(魚肉)으로 만들더니, 그 뒤에는 이준경·구수담(具壽聃)의 말을 듣고 그때 화를 입은 사람들을 풀어주었다. 그러더니 훈구파가 이에 반론을 제기하자 다시 이를 뒤집었다. 결국 이준경과 구수담은 김안로 등의 미움을 받아 파직되었다.

중종의 이러한 처사는 수많은 인재가 죽거나 스스로 떠나도록 만들었다. 용군(庸君) 밑에서는 유능한 신하가 나오지 못함을 중종의 경우를 보면 알 수 있다. 중종 말기부터 인종·명종 대에 이르기까지 여러 권신이 권력 다툼을 벌이며 국정을 혼란에 빠뜨린 것도 결국엔 중종의 정치력이 부재한 결과였다고 할 수 있다.

중종이 죽자 큰아들 인종은 자신의 어머니인 장경왕후가 묻힌 경기도 고양에 중종의 시신을 예장했다. 그러나 인종이 죽고 명종이 왕위에 오른 후 문정왕후는 중종의 능을 현재의 강남구 삼성동으로 옮겼다. 묘호는 정릉(靖陵)이다.

제12대 인종, 8개월의 짧은 치세로 생을 마감하다

효성이 지극했던 인종

조선왕조 역대 왕들의 평균 재위 기간은 20년 정도다. 대체로 20~30대에 즉위해서 40~50대의 나이에 죽었다고 볼 수 있다. 선조·숙종·영조와 같이 30년 넘게 재위한 왕도 있었지만, 일반적인 경우는 아니었다.

중종에 이어 왕위에 오른 제12대 왕 인종은 재위 기간이 가장 짧은 왕이다. 1544년(인종 즉위년) 11월에 30세의 나이로 즉위한 인종은 왕위에 오른 지 8개월 만에 죽었다. 치세 기간이 짧아서 왕으로서 무언가를 이루어낼 시간도 없었다. 왕위를 이을 후사조차 남기지 못했다.

인종은 1515년(중종 10)에 중종과 장경왕후 윤 씨 사이에서 태어난 큰아들이다. 이름은 호(峼), 자는 천윤(天胤). 1520년(중종 15)에 왕세자에 책봉되었다. 인종은 자질이 뛰어나 3세 때에 글을 배웠고 8세에 성균관에 입학했는데, 행동이 예절에 맞고 학문에 열중했다. 평소 심신의 수양과 정치에 도움이 되는 성현의 격언을 써서 좌우에 두고 반드시 준행했다.

인종이 태어난 지 열흘 만에 어머니인 장경왕후가 세상을 뜨자, 인종은 중종의 둘째 계비인 문정왕후의 슬하에서 자라야 했다. 중종은 친모 없이 자란 세자에 대한 애정이 각별했고, 세자 역시 부왕에 대한 효성이 지극했다. 인종은 하늘이 내린 효자로 정평이 났다. 세자 시절, 중종의 병이 깊어지자 한시도 곁을 떠나지 않고 병시중을 들었으며, 부왕의 쾌유를 위해 산천에 기도를 드리기도 했다. 그러나 지극한 정성에도 중종이 끝내 죽음을 맞이하자 크게 상심했다. 인종은 예를 다해 상을 치렀고, 중종의 영전에 손수 부정에 대한 애절함을 담은 제문을 지어 올리기도 했다. 인종 사후에 기록된 「지문(誌文)」에는 인종의 효성에 대해서 다음과 같이 묘사되어 있다.

갑진년 가을, 중종께서 오랜 근심 걱정 끝에 자주 병환이 나셨는데, 왕이 약을 반드시 먼저 맛보고 잠을 편히 주무시지 못하셨다.

병환이 오래 낫지 않아 위독하게 되어서는 옷을 벗은 적이 없고 음식을 들지 않으니, 수척한 형용은 보는 자가 울먹였다. 병환이 위독해지니, 조신(朝臣)을 나누어 보내어 종사와 산천에 두루 빌고, 바야흐로 겨울철인데도 목욕하고 분향하며 한데에 서서 저녁부터 새벽까지 하늘에 비셨다. 훙서(薨逝)하시게 되어서는 미음까지 전연 드시지 않은 것이 엿새고, 울음소리를 그치시 않으신 것이 더 넛 달이었으며, 죽만을 마시고 염장(鹽醬)을 드시지 않았다.

『인종실록』 부록, 묘지문

인종은 우애도 깊었는데, 누이인 효혜공주가 일찍 죽었을 때도 슬픔이 커서 병이 날 지경이었다. 또한 중종의 후궁인 경빈 박 씨와 그 아들 복성군이 죄를 얻어 모자가 함께 귀양 갔는데, 나중에 커서 이 사실을 알게 된 세자가 손수 「소(疏)」를 지어 이복형을 풀어줄 것을 왕에게 극진히 아뢰었다. 이에 중종이 감동해 복성군의 관작을 예전처럼 회복시켜주었다고 한다.

왕위에 오른 후에는 좌의정 홍언필이 경원대군의 병을 이유로 중종의 제사를 폐할 것을 주장하는 무례를 범한 일이 있었다. 이때 인종은 홍언필이 선왕이 우대했던 대신이라는 이유로 죄를 묻지 않았다. 이처럼 효성이 지극했던 인종은 중종의 상을 치르는 동안 건강을 해쳐 상복도 벗지 못한 채 병으로 죽고 말았다.

인종의 부인 인성왕후는 박용(朴墉)의 딸이다. 인성왕후 박씨는 1514년(중종 9)에 태어났으며, 1524년(중종 19)에 세자빈에 책봉되었다. 인종이 즉위하자 왕비가 되었으며, 슬하에 자녀는 없다. 인종이 죽고 32년을 더 살다가 1577년(선조 10)에 죽었다. 인종에게는 2명의 후궁이 더 있었으나 이들과의 사이에서도 자식을 낳지 못했다.

작서의 변과 동궁 화재 사건

인종은 세자 시절인 1527년(중종 22) 2월, 중종의 후궁인 경빈 박 씨가 자신의 소생인 복성군을 보위에 올리기 위해 세자를 저주했다는 혐의를 받고 사사된 사건, 이른바 '작서(灼鼠)의 변'이 발생했다.

작서란 사지와 꼬리를 자르고 입·귀·눈을 불로 지진 쥐를 말하는 것으로, 누군가 세자의 생일에 이를 동궁의 북쪽 정원 은행나무에 걸어놓은 것이다. 조정에서는 이것이 동궁을 저주한 것이라고 여겼으나 당시엔 누구의 소행인지 알 수 없었다. 그런데 이와 비슷한 일이 다음 달 초하루에 또다시 일어났다. 이때 좌의정 심정이 이유청(李惟淸)과 함께 왕에게 아뢰어 범인의 검거를 청했다.

시간이 지나도 범인은 잡히지 않고 의혹만 커졌다. 그러던 중 경빈 박 씨의 소행이라는 의심 속에 박 씨의 시녀와 사위 홍려(洪礪)의 종들이 심문을 받았다. 이들 가운데 더러는 심문 도중 매를 맞아 죽었고, 더러는 형벌에 못 이겨 거짓 자백을 하기도 했다. 결국 이 일로 경빈 박 씨와 아들 복성군은 서인이 되어 쫓겨났다. 그리고 다시 세자의 가상을 만들어서 나무패를 걸고 거기에 망측스런 글을 쓴 일이 생기자 경빈 박씨는 사사되었다. 경빈 박 씨 소생의 두 옹주는 폐서인되고, 두 사위 중 홍려는 매를 맞아 죽고 김인경(金仁慶)은 유배되었다. 심정도 경빈 박 씨와 결탁했다는 죄목으로 사사되었다.

한편 1532년(중종 27)에 이종익(李宗翼)의 「상소」로 진범이 김안로의 아들 김희(金禧)라는 사실이 밝혀졌다. 김안로는 평소 심정 등에게 원한을 품어오던 중에 아들을 시켜 작서의 변을 일으키게 한 것이다.

이 밖에도 누군가 쥐꼬리에 불을 붙여 동궁으로 들여보내 불을 낸 사건이 일어나는 등 수난이 끊이지 않았다. 『실록』에는 1543년(중종 38)에 동궁 화재 사건이 발생했다는 기록이 있다.

이날 밤의 화재는 뜻밖에 발생하였다. 승지와 사관 등이 정신없이 동궁에 달려가 보니 화세(火勢)가 치성하여 자선당(資善堂)까지 불탔다. 그러나 입직 군사는 게을러 모이지 않았으며, 또한 기율도 없어 소란스럽기만 할 뿐 불을 끌 계책을 세우지 못했다. 승화당(承華堂)은 대내(大內)와 연결되었기 때문에 먼저 그 집을 철거하여 불길이 번지지 못하게 하니 화세가 차츰 꺾였다. 궁중 사람들이 삽삭스런 일에 차서를 잃어 미처 다 피하지 못하고, 혹은 빙 둘러서서 우는 자도 있었으며, 협사(篋筍)와 병장(屏障)이 어지러이 버려져 쌓여 있었다.

『중종실록』100권, 중종 38년 1월 7일

그런데 동궁에 불을 지른 사람을 거듭 찾았으나 찾지 못했다고 전하고 있다.

이와 관련해 야사에서는 이러한 일을 저지른 것이 문정왕후를 위시한 소윤 일파며, 세자도 이러한 사실을 모르지 않았다고 전한다. 문정왕후가 자신을 미워하고 빨리 죽기를 바라는 것을 알았던 세자는 동궁에 불이 났을 때 그대로 죽으려고 했으나, 밖에서 중종이 애타게 자신을 부르는 소리를 듣고 불효를 저지르지 않기 위해 나왔다는 것이다.

이처럼 왕위에 오르기 전부터 순탄치 않았던 인종의 삶은 왕위에 오른 후에도 권신들의 틈바구니에서 평온하지 못했다.

대윤과 소윤의 대립

중종 말기에 시작한 권신 정치 시대는 무수한 권신이 양산되면서도 권력이 지속되지는 못했다. 이러한 양상은 고려 시대의 무신 정권과 유사했다. 이는 권신 정치기의 권력 투쟁이 가진 속성 때문이었다. 권신 김안로의 패망은 권신 정치의 종말이 아니라 심화 과정이었다. 뒤를 이어 대윤과 소윤이 새롭게 대립하였다.

중종은 모두 3명의 부인을 두었다. 조강지처인 단경왕후 신 씨는 1506년(중종 1) 중전에 책봉된 지 7일 만에 폐비되었다. 제1계비인 장경왕후 윤 씨는 인종을 낳았고, 제2계비인 문정왕후 윤 씨는 명종을 낳았다. 장경왕후와 문정왕후는 모두 파평 윤 씨로 친정 촌수로는 9촌 간이며 장경왕후가 아주머니뻘이 된다.

1520년(중종 15) 원자 호는 적자로서 중종의 기대와 백관의 경하를 한몸에 받으면서 세자로 책봉되었다. 그런데 1534년(중종 29)에 제2계비 문정왕후가 경원대군을 낳자 예기치 않았던 권력 투쟁이 일어났다. 이 투쟁은 세자의 외숙 윤임(尹任)과 경원대군의 모후 문정왕후와 외숙 윤원로(尹元老)·윤원형을 중심으로 전개된 두 척신 사이의 싸움이었다. 이는 조정 전반으로 확산되어 전자를 지지하는 세력인 대윤과 후자를 지지하는 세력인 소윤으로 갈려 대립했다. 윤임·유관(柳灌)·유인숙은 대윤을, 윤원로·윤원형·윤안임(尹安任)·양연(梁淵)·윤개(尹漑)는 소윤을 대표하는 인물들이었다.

투쟁의 방향은 세자의 자리를 탈취하려는 소윤의 도전과 기득권을 유지하려는 대윤의 응전으로 전개되었다. 이에 한 치의 양보도 없는 양측의 팽팽한 대립이 지속되면서 정국의 긴장감도 극에 달했다. 이러한 대윤과 소윤의 대립에 대해서 중종도 우려하는 바가 컸다.

> 이 일은 두 윤(尹)이 저희끼리 무리를 만들었을 뿐 아니라, 한편은 세자를 위하고 한편은 대군을 위하니 이는 매우 아름답지 못한 일이다. 국가를 어지럽히는 것이 어찌 중대하지 않겠는가. 여느 때에도 세자와 대군을 만나면 그 예(禮)에는 차등을 두나 치우치는 뜻이 없고, 세자와 대군은 바야흐로 우애의 정이 있으므로, 궐 내의 위아래에 그럴듯한 꼬투리가 터럭만큼도 없는데, 뜻밖에 아래에서 이런 간사한 의논이 생겨 위아래가 안정하지 못하고 형제 사이도 화평하지 못하게 하니, 관계되는 바가 매우 크다.
>
> 『중종실록』104권, 중종 39년 9월 29일

중종은 대윤과 소윤의 우두머리 격인 윤임의 고신을 빼앗고 윤원형을 파면하려고 했다. 그러나 이들을 따르는 무리의 반대로 결국 뜻을 이루지 못했다. 이러한 대립 속에서 1544년 (중종 39) 11월 중종이 죽고 고명대신인 좌의정 홍언필, 우의정 윤인경(尹仁鏡)의 주선으로 인종이 즉위하자 대윤과 소윤 간의 투쟁은 대윤의 승리로 귀결되는 듯했다.

그러나 권력을 향한 소윤의 도전은 인종 즉위 후에도 계속되었다. 고명대신인 홍언필이 경원대군의 병을 이유로 중종의 제사를 폐지하자고 주장하는 등의 과감한 행동을 한 것은 인종에 대한 소윤의 태도를 짐작하게 한다.

홍언필은 1545년(명종 즉위년)에 일어난 을사사화 당시 윤임·유관·유인숙을 축출한 공으로 보익공신에 책봉된 소윤의 대표적인 인물이다. 홍언필이 왕 앞에서 이처럼 무례한 발언을 할 수 있었던 것도 문정왕후를 중심으로 하는 소윤의 비호가 있었기 때문이다. 이러한 행적에도 홍언필은 훗날 고명대신이라는 이유로 인종의 묘정에 배향되었다.

인종은 1545년(인종 1) 1월에 오래 비워두었던 영의정에 홍언필을, 좌의정에 윤인경을, 우의정에 이기(李芑)를, 좌찬성에 성세창(成世昌)을, 우찬성에 이언적(李彦迪)을 임명했다. 그러나 대간은 이기가 정승의 자리에 적합하지 못한 인물이라며 여러 번 논계(論啓)했다. 결국 이기는 우의정에 임명되지 못하고, 후에 윤인경을 영의정, 유관을 좌의정, 성세창을 우의정, 이언적을 좌찬성, 유인숙을 우찬성에 임명했다. 그러나 이기는 당시의 권신인 윤원로·윤원형 형제와 결탁해 문정왕후에게 신임을 얻어 좌찬성에 올랐다. 이 때문에 이기는 사림과 원한을 맺었고, 훗날 을사사화를 일으키는 원인이 되었다.

인종은 문정왕후를 위로하기 위해 동생인 윤원형을 공조참판에 발탁하는 등 경색된 정국을 조화시키려고 노력했다. 그러면서도 친정 체제를 모색하며 이언적 외에도 송인수(宋麟壽), 김인후(金麟厚) 등 사림을 중용했다. 사림은 여러 차례 「상소」를 올려 조광조의 복직을 청했다. 이때마다 인종은 "부왕께서 조광조는 죄가 없다고만 말씀했을 뿐이고 끝내 복직의 은혜를 베풀지 않은 것은 반드시 뜻이 있었을 것이니 이런 이유로 허가하지 않는다"면서 결정을 미루었다. 그래도 김식에 대해서는 가산을 환급하는 조치를 내리기도 했다. 그러다 인종의 병환이 위중하자 대신들에게 조광조·김정·기준을 복직시키고 현량과를 복과할 것을 명했다. 이것은 기묘사림에 대한 신원 조처를 단행한 것이었으나 인종이 급작스러운 죽음을 맞이함에 따라 이러한 명령은 시행되지 못했다.

이 밖에 인종은 사간원의 건의에 따라 사관이 사초를 쓸 때 자기 이름을 기재하지 않는 옛 규정을 회복시켰다. 이는 사관들의 직필과 공론을 보장하고 역사를 통한 권선징악의 기능을 살리기 위한 것이었다.

그러나 인종은 자신의 의지와는 상관없이 대윤의 굴레를

벗어날 수 없었으며, 그로 인해 외숙 윤임이 당대의 권신으로 부상할 수 있었다. 그런데 인종이 30세가 넘도록 후사가 없었던 반면 문정왕후의 아들 경원대군은 어느덧 12세의 총명한 소년으로 성장했다. 이것이 대윤을 불안하게 했다. 자칫하면 경원대군을 세제로 책봉하려는 움직임이 있을 수 있었다.

아니나 다를까. 인종의 건강이 악화되자 조정 일각에서 곧바로 세제 책봉설이 대두되기 시작했다. 물론 이것은 문정왕후를 중심으로 한 소윤의 책동 때문이었다. 그러나 근본적인 원인은 인종에게 아들이 없다는 것이었다. 이런 상황에서 권력에 대한 소윤 일파의 열망이 얼마나 컸던지 다음과 같은 악행을 저지르기도 했다.

이때 윤원형이 나라 권력을 차지할 것을 도모했으나 임금이 즉위하자 감히 간악한 꾀를 부리지 못했다. 일찍이 절에 불공을 올려 임금의 수명이 길지 않게 해달라고 기도했다. 또 한밤중 남산에 등불과 촛불 빛이 있어 사람이 가만히 가서 살펴보니, 원형이 손수 향을 피우고 등불을 켜놓고, 신좌(神座)에 경례하고 비는 말이 흉악하고 참혹해서 차마 들을 수가 없었다. 또 궁중에 나무로 만든 사람을 묻어 요망한 방술을 했다.

『연려실기술』9권, 인종조 고사본말

자신들이 비호하는 경원대군이 왕이 되려면 인종이 후사를 남기지 않고 하루라도 빨리 죽어야 했다. 심지어 문정왕후가 인종을 죽이기 위해 독이 든 떡을 주었다는 소문이 돌기도 했다.

인종의 짧은 치세와 죽음

1545년(인종 1) 6월 29일 저녁, 인종의 환후가 위급해졌다. 왕위에 오른 후 지극정성으로 부왕의 상을 치르느라 건강을 해친 인종이었다. 점점 병세가 악화되고 더 이상 회복될 기미가 없자, 인종은 영의정 윤인경, 좌의정 유관을 비롯한 삼정승이 입시한 자리에서 다음과 같이 유언했다.

> 내 병세가 더하기만 하고 줄지는 않으니 마침내 일어나지 못할 것이다. 그러므로 이제 경원대군에게 전위(傳位)하니 정부(政府)와 정원(政院)은 알라.
>
> 『인종실록』 2권, 인종 1년 6월 29일

이튿날인 7월 초하루, 인종은 31세의 나이로 죽었다. 인종이 아우인 경원대군에게 전위를 명함으로써 이제 대윤의 세상은 가고 소윤의 세상이 오고 있었다. 그 징후는 인종의 상을 치르는 과정에서도 적나라하게 드러났다.

이기는 인종이 1년을 넘기지 못한 임금이라며 대왕의 예로 장사지낼 수 없다고 주장했다. 문정왕후도 같은 입장이었다. 이는 분명 예에 어긋나는 것이었다. 그러나 소윤의 기세에 눌려 정황(丁熿)을 제외하고는 누구도 반론을 제기하지 않았다. 이에 결국 인종의 국장은 제후의 예인 오월장(五月葬)을 채우지 못한 채, 신분에 따라 정해진 예월(禮月)을 기다리지 않고 급히 장사를 지내는 갈장(渴葬)으로 치러지고 말았다. 인종은 능묘조차도 군왕으로서 대접받지 못했다.

결국 인종은 권신 정치가 극성을 부리던 시기에 8개월이라는 짧은 기간 왕위에 있으면서, 생전에는 물론이고 죽어서까지 대윤과 소윤의 대립이라는 굴레를 벗어나지 못했다. 이것이 왕으로서 그가 보여준 것이 거의 없는 이유다.

묘호는 효릉(孝陵)이고, 경기도 고양시에 있다.

제13대 명종, 권신 정치기의 절정과 쇠락을 맞이하다

소윤의 비호로 왕위에 오르다

인종이 왕위에 오른 지 8개월 만에 후사 없이 죽고 이복동생인 경원대군이 왕위에 올랐으니, 그가 바로 제13대 왕 명종이다. 명종은 1534년(중종 29)에 중종과 문정왕후 윤 씨 사이에서 태어났으며, 출생과 함께 경원군에 봉해지고 인종이 즉위한 1545년(인종 1)에 경원대군에 봉해졌다. 이름은 환(峘), 자(字)는 대양(對陽)이다.

경원대군이 태어나면서부터 세자를 보호하려는 대윤과 세자를 바꾸려는 소윤 간의 갈등은 예견된 것이었다. 이에 관해서 대사헌 정순붕(鄭順朋)은 중종에게 다음과 같이 아뢰었다.

대윤·소윤이라는 말은 일어난 지 이미 오래고 점점 표적이 되어, 어느 재상은 어느 윤(尹)의 당이라고 지칭해 대소 두 길로 가르니, 어찌 이러한 일이 있습니까. (중략) 사람이 혹 윤임을 보러 가면 대윤의 당이라 지칭하고 윤원형을 보러 간 자는 소윤이라 지칭하므로, 대소가 의심해 서로 찾아가지 못하고 집을 옮겨 살려는 자까지 있습니다. 조정이 서로 의심하는 것이 이렇게까지 되어 그 중에 논박 받은 자가 있으면 사람들이 곧 '그 사람은 어느 당이기 때문에 그렇게 되었다' 하니 이것은 작은 일이 아니나 막을 계책이 없으므로, 재상 중에도 근심하는 자가 많이 있지만 어떻게 해야 할지 모릅니다. (중략) 이른바 대윤의 당이라는 자는 동궁을 부호(扶護)하고 소윤의 당이라는 자는 대군에게 마음을 두었다 하는데, 위에 주상이 계신데도 사사로이 동궁을 부호하는 자는 간사한 꾀를 형용할 수 없는 소인일 것이고, 대군에게 마음을 두는 자라면 패역의 정상을 말로 다할 수 없을 것입니다. 무릇 이런 말을 만든 자는 동궁에게 후사가 없어서 그러는 것인데, 동궁에게 조만간 후사가 있게 되면 종사와 신민의 복이겠고, 불행히 후사가 없으면 동궁께서 또한 종사의 만세를 위한 계책이 있어야 할 것입니다.

『중종실록』 104권, 중종 39년 9월 29일

대윤 일당과 소윤 일당이 서로 비방하며 방문조차 하지 않을 정도로 대립이 심각했음을 이야기하고 있다. 심지어 호조 판서 임백령(林百齡)은 윤임의 이웃에 살다가 집을 팔고 이사까지 했나고 한다. 그러나 이들은 근본적인 해결책을 모색하지 않았다. 그러다 중종이 죽자 갈등은 새로운 양상을 띠게 되었다.

인종 즉위 후에는 인종의 지지 세력인 대윤이 우위를 차지한 가운데 대윤과 소윤의 갈등이 표면화되지는 않았다. 그러나 인종이 재위 8개월 만에 죽고 명종이 즉위하자, 정국은 소윤 쪽으로 반전되었다.

명종은 1545년(명종 즉위년) 7월 6일에 즉위했다. 당시 명종은 12세의 어린 나이였기 때문에 모후인 문정왕후가 수렴청정을 했다. 이는 조선왕조에서 정희왕후에 이은 두 번째 수렴청정이었다. 또한 윤원형을 비롯한 소윤 일파가 정치 실세로 전면에 등장했다.

명종의 비는 인순왕후(仁順王后) 심 씨로 심강(沈鋼)의 딸이다. 1542년(중종 37)에 혼인했으며, 명종의 즉위와 함께 왕비에 책봉되었다. 명종과 인순왕후 심 씨는 1551년(명종 6)에 순회세자를 낳았는데, 순회세자는 명종의 유일한 자식이었다. 순회세자는 7세가 되던 1557년(명종 12) 세자에 책봉되고 2년 후 윤옥(尹玉)의 딸과 혼인했으나, 13세가 되던 1563년(명종 18)에 후사 없이 죽었다. 명종에게는 6명의 후궁이 있었으나 모두 자식이 없었다.

을사사화

명종이 즉위하자 곧바로 문정왕후의 수렴청정이 시작되었다. 그런 가운데 윤인경이 인종의 뜻을 빙자해 기묘현량과(己卯賢良科: 1519년인 기묘년에 시행한 현량과) 출신을 기용하자고 요청하면서 사림의 청류(淸流)로 꼽히던 많은 사람이 조정에 모습을 나타냈다. 그러자 당시 예조참의였던 윤원형은 이들을 소윤을 위협하는 세력으로 여겼다.

한편 윤원형은 이기 · 정순붕 · 허자(許滋) · 임백령 · 최보한(崔輔漢) 등과 모의해 윤임 등 대윤 일파를 몰아내기로 했다. 문정왕후는 윤원형에게 「밀지」를 내려 이기 등이 대사헌 민제인(閔齊仁), 대사간 김광준(金光準)에게 연락을 취해 양사로 하여금 윤임 · 유관 · 유인숙을 논박하게 했다.

일찍이 유관은 중종 말년에 이조판서로 있으면서 이기가 병조판서에 임명되려고 하는 것을 '부패한 관리의 사위'라는 이유로 극렬하게 반대한 일이 있었다. 이 때문에 이기는 유관에게 개인적인 원한을 품었다. 그리고 유인숙은 기묘사화 때 화를 입은 바 있는 인물이었다. 그는 1537년(중종 32)에 서용

(敍用: 죄를 지어 벼슬에서 물러난 사람을 다시 등용함)되었는데, 당시 이언적, 권벌 등과 더불어 사림의 중망을 받았다. 그러나 그의 외사촌인 이기와는 이미 사이가 벌어져 있었다. 또한 유인숙의 아들 유희민(柳希閔)이 윤임의 조카의 딸과 혼인한 것이 빌미가 되었다. 이렇게 유관과 유인숙은 이기의 사적인 감정에 의해 희생되었다. 이러한 사실은 이기 자신도 공공연하게 이야기했다.

한편 임백령은 옥매향이라는 윤임의 기생첩 때문에 윤임과 서로 다툰 일이 있었다. 정순붕 또한 평소에 사림에게 불편한 감정이 있어 분풀이하려고 벼르고 있었다. 이들은 윤임 일파를 제거하기에 더없이 좋은 동지였다. 그리고 이들은 명종이 즉위하기 무섭게 또 한차례의 피바람을 일으키고 말았으니, 그것이 을사사화다.

민제인과 김광준을 앞세워 양사에서 윤임·유관·유인숙의 죄를 탄핵하자, 백인걸(白仁傑)·유희춘(柳希春)·김난상(金鸞祥) 등 중종 말기부터 성장해온 사림과 대간은 이에 반대하고 나섰다. 이에 왕과 대비, 그리고 윤원형의 심복인 이기·정순붕·허자·임백령 외에 홍언필·윤인경·이언적·권벌·정옥형(丁玉亨)·신광한(申光漢)·윤개·민제인·김광준 등 여러 중신이 모인 가운데 이 사건을 재차 의논했다. 이때 이기는 다음과 같은 말로 탄핵의 이유를 들었다.

형조판서 윤임은 중종조부터 잘못이 많았으므로 근래 스스로 불안해했으며, 좌의정 유관과 이조판서 유인숙 역시 형적(形迹)이 있습니다. 양사의 장관이 어제 회의하여 아뢰려고 하다가 중지했는데, 신은 재상의 반열에 있으면서 묵묵히 그대로 있을 수가 없습니다. 대신들의 의논을 모으소서. 이 사람들은 차라리 외방에 내치는 것이 낫지 않겠습니까?

『명종실록』 1권, 명종 즉위년 8월 22일

이에 윤임은 성주로 귀양 보내고, 유관은 체직(遞職), 유인숙은 파직하는 것으로 일단 결정이 내려졌다. 그러나 이러한 결정에 대해 홍문관은 불만을 표했다. 양사에서도 애초 문정왕후가 밀지를 승정원에 내리지 않고 윤원형에게 내린 부당성을 지적하며 논박했다. 특히 백인걸은 다음과 같이 강경하게 반발했다.

죄를 결정한 것은 옳았으나 죄를 준 방법은 크게 사체(事體)를 잃었습니다. 위에서 밀지를 원상에게 내리지 않고 윤원형에게 내렸으니 필시 뒷날 간사한 무리가 이것을 단서로 삼아 뜻을 얻을 것입니다. 더구나 죄인은 정당한 명목으로 죄를 정해야 나라 사람이 모두 "누구는 무슨 일로 무슨 죄를 받았다"고 할 것인데, 윤임 등 3인의 죄는 단지 '원찬(遠竄)·파직·체차(遞差)'라고만 했고 전지의 사연이 없으니 역시 국법의 상도가 아닙니다. 윤원형은 지친(至親)으로서 전지를 받은 처음에 방계(防啓)하기를 "이처럼 비밀스러운 일은 다른 사람으로 하여금 조처하게 하더라도 뒤에 폐단이 있을 것인데 하물며 지친으로서 순순히 따라 거행한다면 장차 폐단을 구제하기 어려울 것이다"라고 했다면, 위로는 일을 잘못 처리하신 실수가 없고, 아래로는 폐단을 끼칠 걱정이 없었을 것입니다. 그런데 급급하게 스스로 재상과 통해 국법이 광명정대한 데서 나오지 못하게 했으니 지극히 그릅니다.

『명종실록』 1권, 명종 즉위년 8월 23일

그야말로 자기 몸을 사리지 않는 용감하고 의연한 발언으로, 소윤의 간담을 서늘하게 만들었다. 그러나 그의 말은 먹혀들지 않았고, 결국 백인걸은 파면을 면치 못했다. 크게 노한 대비는 날이 밝기가 무섭게 대신들을 불러들였다. 그리고 백인걸을 의금부에 잡아 가두고, 윤임을 해남에, 윤임의 아들 윤흥인(尹興人)을 낙안에, 유관을 서천에, 유인숙을 부장에 각각 귀양 보냈다. 또한 강경한 언론을 행사했던 양사의 집의·사간 이하의 관원들도 파직시켰다. 이렇게 이들에 대한 처벌이 일단락되는 듯했다.

그런데 권벌이 유관과 유인숙의 억울함을 적극 주장하는 「상소」를 올리는 바람에 상황은 악화되었다. 당시 사림은 유관 등의 일이 원통한 줄 알면서도 나서서 구제하지는 못했다. 소윤의 무리가 두 눈을 부릅뜨고 있기 때문이었다. 그런데도 권벌은 조금도 개의치 않고 혼자서 항변의 글을 올렸던 것이다. 정순붕은 권벌이 역적들을 옹호한 것이라고 몰아붙이며 유임 등에게 더 강한 처벌을 내려야 한다는 내용의 「상소」를 올렸다. 결국 강경론자들의 주장에 따라 윤임·유관·유인숙은 사사, 권벌은 체직하는 것으로 결정이 났다. 소윤 일파는 이들 3명의 죄목에 대해서 다음과 같이 밝혔다.

윤임은 지난 중종조의 정유년 간에 있어서도 삼흉(三凶: 김안로·허항·채무택을 이름)에게 당부(黨附)해 국모(문정왕후)를 해치려고 했으니 만약 그 계략이 성취되었더라면 어머니가 폐해지는데 자식이 온전할 이치는 없었을 것입니다. 인종께서는 천성이 효성스럽고 우애가 있어 형제간에 조금도 간격이 없었는데 윤임이 무도한 말을 주창해 상하가 불안해했습니다. 그런데 인종께서 승하하신 뒤에는 스스로 불안하고 두려운 생각이 나서 몰래 권신과 결탁해 불궤(不軌)를 도모했으니 정상을 추구해보면 죽여도 죄가 남습니다. 비록 선왕후(先王后)의 지친이라고 하나 용서할 수 없는 형세입니다. 그리고 유관은 고명을 받은 대신으로서 위태로운 때를 당해 힘을 합해 보도할 생각은 하지 않고 간곡하게 윤임의 말을 따라 전하로 하여금 고립되어 의지할 데 없게 했습니다. 사위(嗣

位)하시던 날에는 수상의 귀에 대고 말하기를 "누구를 세워야 하는지를 취품(取稟: 의견을 말하고 대답을 기다림)하려 한다" 했습니다. 중종대왕의 적자로는 전하 한 분뿐이고 인종의 유교에도 "경원대군이 있으니 후사를 부탁할 수 있다"라고 하셨는데도 유관은 다시 어떤 사람을 취품하려 했단 말씀입니까.

또 유인숙은 윤임의 집안과 혼인을 맺고 결탁한 지 오래되었으며, 전하께서 즉위하시던 날에는 잠저 때의 사부였던 신희복(愼希復)을 불러 전하께서 어지신지를 물었는데 설사 어질지 못하셨다면 어떻게 하려고 했겠습니까. 어언적이 경연에 입시했다가 물러나와 유인숙을 보고 "전하께서 특이하게 영명하시다"라고 하니, 유인숙은 묵묵히 대답하지 않으면서 기뻐하지 않는 기색을 드러내었고 평소 사람을 대할 때 전하를 지목하며 차마 해서는 안 되는 말을 거리낌 없이 하였으니 죄악이 너무 커서 목을 보존하는 것만도 이미 족합니다.

『명종실록』 1권, 명종 즉위년 8월 28일

그리고 가해자들은 성종 대 좌리공신의 예에 따라 공신 책록을 서둘렀다. 그러나 상대 세력에 대한 가해는 여기서 그치지 않아 공신 책록을 진행함과 동시에 사화의 피해자도 계속 늘어났다. 경기감사 김명윤(金明胤)이 계림군(桂林君: 성종의 아들인 계성군의 양자, 윤임의 조카)과 봉성군(鳳城君: 중종과 희빈 홍 씨의 아들)을 역모로 고변함으로써 피해의 범위는 더욱 확대되었다. 고변의 내용은 다음과 같았다.

계림군 이유(李瑠)는 윤임의 3촌 조카로서, 윤임이 그에게 의지해 흉측한 모의를 했으니 이유도 반드시 실정을 알았을 것입니다. 이미 실정을 알고서도 즉시 고변하지 않았으니, 용서할 수 없는 죄여서 당연히 처치한 바가 있어야 할 터인데도 조정에서는 아직까지 처치함이 없습니다. 이는 필시 범죄의 괴수가 이미 제거되었으니 이런 것쯤은 염려할 것이 없다고 여겨 버려두고 거론하지 않는 것일 겁니다. (중략) 봉성군 이완(李岏)은 신의 죽은 아내와 가까운 친척인데 나이가 아직 어리니 필시 계략이 없을 것입니다. 그러나 이완이 여러 왕자군 중에서 조금 뛰어났다고 해 무지한 무리 중에 간혹 칭찬하는 자가 있으니, 국가가 위험한 시기를 당해 공훈을 탐내고 재앙을 일으키기를 좋아하는 무리가 이에 의지해 반란의 계제로 삼을 자가 없다고 또한 보장할 수 없습니다. 아울러 처치하소서.

『명종실록』 2권, 명종 즉위년 9월 1일

여기에 많은 사림파가 연루되어 변을 당했다. 윤임 · 유관 · 유인숙의 아들들, 계림군의 친인척이 뒤이어 붙잡혀왔고, 윤임과 모의해 봉성군을 옹립하려 했다는 혐의로 윤임 일파의 곽순(郭珣)·정욱(鄭郁)·이휘(李煇)·이중열(李中悅)·나식(羅湜) 등도 잡혀 들어왔다. 이들이 혐의를 거의 시인했으므로 윤임의 모의는 사실로 확인되었다. 이 밖에 윤임 또는 그 일파와 접촉이 있었던 성세창·한숙(韓淑) 등을 비롯해 좌천된 이들도 수십 명에 이르렀다.

1545년(명종 즉위년) 가을에 벌어진 을사사화의 전말은 이러했다. 그런데 을사사화는 앞서 일어났던 세 차례의 사화(무오·갑자·기묘사화)와는 조금 양상이 달랐다. 앞선 사화들이 훈구파와 사림파의 대립 속에서 사림파가 화를 당한 경우였다면, 을사사화는 외척 대 외척이라는 대립 속에서 사림이 직·간접적으로 연루되어 커다란 피해를 당한 경우였다.

양재역 벽서 사건

인종이 죽고 명종이 즉위하는 국왕 교체의 과정에서 일어난 권력 쟁탈전은 을사사화를 거치면서 일단락되는 듯했다. 그러나 이후에도 숙청의 회오리는 계속되었다.

명종 초년의 정국은 위사공신(衛社功臣: 을사사화에서 공을 세운 신하) 집단이 주도했다. 그러나 공신들의 결집력은 그다지 강하지 못했다. 위사공신 집단의 배후에는 문정왕후와 윤원형이 있었고, 공신 집단은 이들에게 의존할 수밖에 없었다. 그런 가운데 이들은 비정상적인 방법을 동원해 자신들의 정적을 제거하고자 했다. 그러면서 여러 가지 사건이 왜곡되고 정치적으로 조작되었다.

그러던 중 1547년(명종 2)에 양재역에서 「벽서」가 발견되는 사건이 발생했다. 「벽서」에는 붉은 글씨로 다음과 같은 문구가 씌어 있었다.

> 여자 임금이 위에서 정권을 잡고, 간신 이기 등은 아래에서 권력을 농락하고 있으니, 나라가 망할 것을 서서 기다리는 격이다. 어찌 한심하지 아니하리오.
>
> 『연려실기술』 10권, 명종조 고사본말

이를 발견한 부제학 정언각(鄭彦慤)과 선전관 이노(李櫓)는 이것을 뜯어서 문정왕후에게 바쳤다. 문정왕후는 곧 윤인경·이기·정순붕·허자·민제인·김광준·윤원형 등을 불러 문제의 벽서를 보여주었다. 그러자 이들은 다음과 같이 아뢰었다.

> 당초에 역적의 무리에게 죄를 줄 적에 역모에 가담했던 사람을 파직도 시키고 부처(付處)도 시켜서 모두 가벼운 쪽으로 해 법대로 따르지 않았습니다. 그래서 사론(邪論)이 이와 같은 것입니다. 공신이 긴요하지 않다는 말까지도 많이 있습니다. 그렇게 분명한

일에 사론이 그치지 않고 있으니, 이것은 화근이 되는 사람이 아직 남아 있기 때문입니다. 신들이 함께 의논하여 아뢰니, 즉시 죄를 정해 교서에 자세히 기록해서 중외가 다 알게 하소서.

『명종실록』6권, 명종 2년 9월 18일

그리하여 송인수·이약빙(李若氷)을 죽이고, 이언적·정자(鄭磁)·노수신(盧守愼)·정황·이담(李湛)·권벌·송희규(宋希奎)·백인걸·김난상·유희춘·이홍남(李洪男) 등 수십 명이 유배되었다. 이 중에는 역시 사림계 인물이 많았다. 그래서 이 사건을 정미사화(丁未士禍)라 부르기도 한다. 물론 이때 희생된 사람들은 벽서의 범인이 아니었다. 그런데도 평소에 불온한 기색을 보였다는 이유로 쫓겨난 것이다. 그 밖에도 벽서 사건을 계기로 관작이 삭탈되거나 추방된 사람이 수십 명에 이르렀고, 봉성군도 울진에서 살해되었다.

2년 뒤인 1549년(명종 4)에는 양재역 벽서 사건으로 영월에 유배되었던 이홍남이 동생인 이홍윤을 역모로 고변한 사건이 일어났다. 이홍남과 이홍윤은 사사된 이약빙의 아들이었는데, 형제간에 사이가 좋지 못했다. 이홍윤은 충주에 있으면서 그의 아버지가 억울하게 죽은 것을 원통하게 여겨 종종 분개하는 말을 했었다. 이 말을 들은 이홍남이 "이홍윤이 주상을 연산군에 비유해 비방하고 충주 거주인을 규합해 역모를 꾀했다"고 무고한 것이다.

문정왕후는 대의를 위해 형제의 정도 저버린 이홍남을 칭찬하면서 친히 술까지 내려주었다. 그리고 이홍윤과 그와 관련된 자들을 잡아들여 심문하고 자백을 받아냈다. 이로 인해 이 사건에 연루된 많은 사람이 죽었는데, 대부분 충주에 살던 이약빙의 문인이었다. 당시 피해 범위가 얼마나 컸는지 한 마을이 거의 텅 빌 정도였으며, 희생자 중에는 이홍윤의 얼굴조차 모르는 사람도 있었다고 한다.

승려 보우와 불교 중흥 정책

고려 말부터 조선 초에 걸쳐 전개되었던 억불 정책은 유학 자체를 진흥시키려는 차원의 운동만은 아니었다. 오히려 불교의 세속화를 조장한 폐단으로 지적된 경제력을 몰수함으로써 국가 재정을 확보하려는 의도가 더 컸다. 물론 몇몇 왕들에 의해 불교가 중흥되는 모습도 간간이 보이기는 했다. 그러나 불교는 여전히 탄압받고 있었다.

억불 정책으로 사찰 정리와 사찰 재산의 몰수, 도승법(度僧 法) 시행과 폐지, 승과 폐지, 교리상의 특성을 무시한 종파 통합 그리고 다비와 같은 불교의 전통적인 풍습 금지 등의 조치가 이루어졌다. 특히 도승법과 승과 폐지는 승려에 대한 국가 차원의 관심과 보장을 전적으로 거부한 것이었다. 이 때문에 승려의 지위는 크게 하락할 수밖에 없었다.

도첩제가 폐지된 성종 대 이후, 특히 16세기에 이르러서는 일종의 승려 신분증인 도첩을 가지고 있지 않은 불법승이 사회 문제를 일으키고 있었다. 그런데 불법승 중 상당수는 과중한 부역을 피하고자 승려가 된 농민들이었다. 당시에는 훈신들의 토지 사유화 경향이 점차 증대되면서 상대적으로 농민은 토지를 소유하기 어려워졌고, 환곡·방납·군역 제도의 폐해만 고스란히 떠안는 실정이었다. 그렇게 부역을 피해 승려가 된 이들은 승려로 활동하기보다는 살인·방화·약탈 등의 민폐를 자행해 도적과 다를 바가 없었다.

그즈음 조선의 불교 정책은 『동국여지승람(東國輿地勝覽)』에 기록되지 않은 사찰을 모두 허물고, 도첩이 없는 승려를 색출해 몰아내는 방향으로 전개되었다.

이러한 시기에 보우라는 승려가 문정왕후의 신임을 얻어 정계에 입문했다. 호는 허응당(虛應堂)·나암(懶菴). 15세 때 용문사의 어떤 노승을 따라 금강산 마하연암으로 들어가 머리를 깎고 득도했다고 한다. 보우는 불교뿐만 아니라 유학, 심지어는 장자의 『남화경(南華經)』까지 숙독하는 등 학문의 폭이 넓었다.

불교 최대의 수난기였던 조선 시대는 불교 내의 단결이 더욱 절실한 시기였다. 불교가 선(禪)과 교(敎)로 나뉘어 경쟁하기보다는 교단적으로나 이론적으로 무장해 억불 정책 속에서 생존해야 하는 것이 급선무였다. 이에 보우는 선교일치론(禪敎一致論)과 함께 유불(儒佛)의 조화를 주장했다. 유교와 불교는 국가와 사회적으로 드러나는 면에서는 각기 다르지만, 이치의 근본을 따지자면 서로 다를 바 없다는 논리였다.

보우는 이러한 이론적인 배경을 바탕으로 불교를 제도적으로 되살리기 위한 개혁의 뜻을 품었다. 그는 당시 정만종(鄭萬鍾)과 내수사(內需司: 조선 시대 왕실 재정의 관리를 위해 설치되었던 관서) 제조인 박한종(朴漢宗)의 추천으로 문정왕후와 인연을 맺었다. 문정왕후와 척신 윤원형을 위시한 소윤 세력이 보우를 중용한 것은 개인적인 신앙심이라고 볼 수 있지만, 그보다는 정국을 운영하는 입장에서 당시 사회적으로 문제가 되었던 피역승의 증가를 결코 간과할 수 없었기 때문일 것이다.

문정왕후와 소윤은 자신들만의 노력으로는 불교계를 혁신할 수 없다는 것을 알았다. 그래서 한계를 극복하고자 불교계에 정통한 새로운 인물이 필요했고, 적임자가 보우였다. 이처럼 문정왕후와 보우는 서로 필요에 의해서 만나게 되었다.

불교 중흥의 커다란 야망이 있던 보우는 문정왕후의 절대적인 신임으로 1551년(명종 6)에 유신들의 강력한 반대를 무릅쓰고 봉은사에 선종, 봉선사에 교종을 두어 양종(兩宗)을 부활시켰다. 당시에는 도승법 폐지로 양민은 별다른 제한 없이 중이 되었다. 양종을 모두 다스릴 기관이 없었기 때문에 자연히 승도의 기강은 무너지고, 승과제가 없으니 자격 있는 승도마저 사라지게 되었다. 이런 상황에서 양종을 다시 세우고 도승제를 부활시킨다는 것은 국법으로 생겨난 불교의 여러 가지 폐단을 해소하겠다는 의지였다.

문정왕후나 보우는 이런 시대적 산물을 개인의 신앙심과 결부시켜 구체화해나갔다. 양종과 도승제를 부활시킨 것 외에도 보우는 2년 동안 4,000여 명에게 도첩을 발급하는 등 새로운 승려를 배출하려고 노력했는데, 이는 당시 심각한 사회 문제였던 피역승을 제도권 내로 유입시키고자 하는 의도기도 했다.

1552년(명종 7) 부활한 승과를 통해 휴정(休靜: 서산대사), 유정(惟政) 같은 인재들이 발굴되었으며, 이들은 보우의 사업에 힘을 실어주었다. 결국 양종을 복립하고 도승법과 승과를 부활시킴으로써 도첩을 소지한 승려들이 이끌어가는 방식으로 불교계 자체의 혁신이 이루어졌다. 곧 이것은 불교 세력의 확대로 이어졌다. 이 밖에 숭불을 위한 노력으로 승려의 부역 동원 반대 조처, 유생들의 사찰 출입 금지, 사원전에 대한 면세 조처가 단행되었다. 이에 따라 내수사와 양종이 먹고사는 토지가 나라의 반이 된다는 표현이 나올 정도로 사원 경제의 규모가 급속히 커졌다.

이와 같은 불교 정책은 피역승의 증가에 따른 사회 문제를 해결하려는 긍정적인 목적에서 출발했으나, 숭불 자체를 위한 것으로 비쳤다. 또한 성리학 이념에 충실했던 관료들의 의견을 무시하고 왕실 중심의 척신 세력이 일방적으로 불교 정책을 시행했다는 점에서 유학자들의 반발을 샀다. 유교 정치가 확립되어가는 시기였기에 더욱 그러했다.

양종의 복립 발표 이후 불교 정책을 비판하고 보우를 탄핵하는 상소가 끊이지 않았다. 심지어 성균관 유생들은 학교를 비우고 시위를 벌이기도 했다. 보우는 을사사화에서 애매하게 역모로 몰린 종실 계림군을 위해 재(齋)를 베풀어준 것 때문에 역당으로 몰리기까지 했다.

그러나 사림파 관료들과 유생들의 반발은 비단 불교만을 노린 것은 아니었다. 공격의 궁극적인 목표는 바로 문정왕후를 둘러싼 척신 세력에 있었다. 이들의 조직적인 공격은 불교계의 든든한 배경이었던 문정왕후가 죽을 때까지 계속되었다. 비난의 화살은 특히 보우에게 집중되었다. 사실 보우는 지나치게 권력에 의지해 불교를 중흥하려 했다. 이 때문에 불교 본연의 임무에 충실하려 한 다수의 승려도 보우를 비난했다.

1565년(명종 20)에는 왕실 불교의 본산인 회암사에서 3년 전 죽은 순회세자(명종의 세자)의 명복을 빌기 위해 대규모 무차대회(無遮大會)를 열고자 했다. 이를 계기로 보우는 조선에서 불교를 확실히 중흥하고, 불교를 국가 공인의 종교로 복권하고자 했다. 그러나 무차대회를 하루 앞두고 문정왕후가 죽는 바람에 불사를 끝내 이루지 못했다. 일이 그렇게 되려는 징조였는지 당초에 수천 석의 쌀로 밥을 지었는데 그 색이 마치 피로 물들인 것 같아서 사람들이 괴이하게 여긴 일이 있었다고 한다.

명종 후반기에는 이황, 기대승(奇大升), 박순(朴淳) 등으로 대표되는 사림파가 성리학으로 더욱 무장한 채 본격적으로 정계에 진출하기 시작했다. 그러나 문정왕후와 윤원형이 건재하는 한 불교에 대한 그들의 비판은 제한적일 수밖에 없었다. 그런데 문정왕후가 죽으면서 사림파 관료들은 불교 정책에 대한 자신들의 반대 입장을 관철시킬 수 있었다. 이러한 상황을 예견했는지 문정왕후는 죽기 전에 다음과 같은 「유교(遺敎)」를 남겼다.

석도(釋道)는 이단이기는 하지만 조종조 이래로부터 다 있었고, 양종은 역시 국가가 승도들을 통령(統領)하기 위해 설립한 것이오. 승도들이 비록 쓸데없는 것이라고는 하나 조정에서는 모름지기 내 뜻을 체득해 끝까지 옛날 그대로 보존하도록 하는 것이 좋겠소. 옛사람 말에 "평상시에는 불도(佛道)를 섬길 수 없지만 부

모에게 간해도 만일 고치지 않으면 그대로 따랐다" 했으니, 주상
이 이단을 금지 억제하더라도 조정에서는 모름지기 내 뜻을 따
르오.

『명종실록』 31권, 명종 20년 4월 6일

그러나 이러한 유교를 남겼음에도 문정왕후가 죽자 보우
도 처단되었으며, 그와 함께 15년간 시행한 불교 정책도 모두
무위로 돌아갔다. 보우는 제주로 유배되었는데 이곳에서 제
주목사 변협(邊協)의 사주로 살해되었다. 보우는 선과 교, 유와
불이 둘이 아님을 꿰뚫는 혜안으로 불교 중흥과 개혁의 포부
를 가졌으나, 자신의 포부를 실현하는 과정에서 권력의 힘을
빌림으로써 자주성을 잃고 의미도 퇴색되었다. 결국 그가 꿈
꿨던 불교의 중흥과 개혁도 모두 실패로 끝나버리고 말았다.

임꺽정의 난

15, 16세기 조선에서는 자연재해와 농민의 과중한 부담, 권
세가의 대토지 소유에 따른 농민의 몰락 등 사회·경제적인
모순이 나타났다. 그로 인해 농민이 삶의 터전을 버리고 도적
이 되는 일이 빈번하게 일어났다.

예종 대에 전라도 일대에서 크게 활약한 수적(水賊) 장영기

(張永己) 일당을 비롯해 연산군 대에는 경기 지역에서 활약한 홍길동(洪吉同) 등 크고 작은 도적의 무리가 전국에서 들끓었다. 특히 연산군 대를 지나 어린 명종이 즉위할 즈음에 이르러서는 윤원형 등 외척 세력을 중심으로 한 권신들의 횡포가 극에 달했다. 설상가상으로 흉년과 전염병이 거듭되었고, 왜구의 노략질도 끊이지 않았다.

그러던 중 조선 전기를 대표하는 도적인 임꺽정(林巨正, 林巪正)이 등장했다. 임꺽정이 기록에 처음 등장한 것은 1559년(명종 14)이었다. 물론 임꺽정이 기록에 등장하기 이전부터도 이미 많은 도적 떼가 충청·경상·전라·경기 등지에서 약탈과 살인을 자행하고 있었다. 이들은 민가뿐만 아니라 사대부가나 관청까지 도적질했다. 성균관 학유 신의충(申義忠)이 도적에게 얻어맞아 간신히 목숨을 구한 일을 비롯해 종친 중 한 사람이 도적에게 잡혀가 죽을 뻔한 일도 있었다.

그런데 도적을 잡아들여야 할 병사들은 이들을 체포하는 과정에서 오히려 민폐만 끼치는 경우가 허다해서 백성은 이중으로 고통을 받는 실정이었다. 명종이 도적 체포를 위한 특별 대책을 마련하기도 했다. 그러나 이미 상황은 국가에서 진압하기 힘든 지경에 이르렀다. 특히 임꺽정이 주로 활동했던 황해도 지방은 더욱 심했다.

임꺽정은 경기도 양주 출신의 백정이었다. 꺽정이라는 이름은 어릴 때부터 힘이 보통 사람을 능가해 종종 사고를 일으켰기 때문에 '걱정'시키는 일이 많다는 의미로 붙여졌다고 한다. 그는 도적 떼를 지휘하기 전에 전국을 돌아다니면서 글과 무예를 익혔다. 또한 백성의 힘든 삶의 실상을 체험했다. 그 뒤 황해도 지역에 정착해 살았는데, 권세가들의 횡포에 고통받던 농민을 모아 반란을 일으켰다.

황해도 지역은 일찍부터 많은 해택지(海澤地)가 개간되었다. 그런데 이 땅은 모두 왕실과 지배층이 차지하고 농민은 소작인으로 전락해 있었다. 특히 황주·안악·봉산·재령 등은 일찍부터 바다가 가까운 하천에 인접한 지역으로 염분이 많고 저습한 지대였기 때문에 농경에 적합하지 않았다. 다만 갈대만이 무성한 곳이라 해서 이곳의 토지를 노전(蘆田)이라 불렀다. 부근의 백성은 갈대를 채취해 삿갓과 그릇 등을 만들어 생계를 꾸렸다. 그런데 이 노전마저 권세가들의 토지가 되었다. 그리고 주민이 갈대를 채취하려면 오히려 권세가들에게 비용을 내야 했다.

이러한 부당한 갈대밭 탈점이 발생하자 백성의 원성이 자자했고, 1553년(명종 8)에는 갈대밭을 백성에게 환급해주는 조처가 내려지기도 했다. 그러나 을묘왜변이 일어난 다음 해인 1556년(명종 11), 지역민의 애절한 호소에도 불구하고 갈대밭은 끝내 내수사 소속이 되고 말았다. 이 결과 백성은 내수사에서 갈대를 사들이게 되었고 생존의 어려움은 이루 말할 수 없을 정도였다.

명종 대의 대표저인 권세가이자 외척 세력인 윤원형은 자신의 세력을 빙자해 서울에 열여섯 채나 되는 저택을 소유하고 있었다. 또 전국에 걸쳐 남의 노비나 토지를 부당하게 빼앗은 사례도 헤아릴 수 없을 정도였다. 그의 행위에 대해서 수령은 감히 금할 수도 없었고, 조정에서조차 거론할 수 없었다고 한다. 이처럼 권세가나 내수사는 권세를 이용해 기형적으로 광대한 농장을 확보했다. 이러한 토지 탈점은 임꺽정이 반란을 일으키는 데 중요한 계기가 되었다.

이 시기를 전후해 황해도에서는 도적이 대단히 성했다. 이를 소탕하려 했던 개성부 포도관 이억근(李億根)은 오히려 임꺽정 일당에게 피살당하기도 했다. 이렇게 임꺽정의 존재는 서서히 부상하고 있었다.

영의정 상진, 좌의정 안현, 우의정 이준경, 영중추부사 윤원형이 함께 의논해 아뢰었다. "개성부도사(開城府都事)를 무신으로 뽑아 보내라는 상교(上敎)가 지당하나, 비록 무신을 뽑아 보내더라도 별다른 조치 없이 일상적으로만 해나간다면 오히려 이익됨이 없을 것입니다. 삼가 듣건대, 요사이 많은 강적이 본부의 성저에 몰려들어 주민을 살해하는 일이 매우 많은데도, 사람들은 보복

이 두려워 감히 고발하지 못하고, 관리들은 비록 보고 듣는 바가
있어도 매복을 시켜 포착할 계획을 세우지 못한다 합니다. 지난
날 임꺽정을 추적할 즈음에 패두(牌頭: 이억근을 말함)의 말을 듣지
않고 군사 20여 명만을 주어 초라하고 서툴게 움직이다가 마침
내 패두가 살해당하게 되었는가 하면, 바로 뒤를 이어 적을 끝까
지 추격하지 않았다가 끝내 적들이 멋대로 날뛰게 했으니, 매우
놀라운 일입니다. 그러므로 지금 무신을 보내 포착할 방법을 강
구해서, 혹은 군사를 거느리고 추격하기도 하고 혹은 문견(聞見)을
근거로 추적하기도 해 반드시 포착할 것을 기하게 해야 합니다"

『명종실록』 25권, 명종 14년 3월 27일

조정에서는 임꺽정 일당을 잡기 위해 혈안이 되었다. 그러
나 임꺽정의 난은 시간이 지남에 따라 평안도·강원도·개성
과 서울 등지로 확대되면서 3년여에 걸쳐 계속되었다. 임꺽정
의 난이 지속될 수 있었던 이유는 이들이 모여서는 도적이 되
고 흩어져서는 평범한 백성이 되며 출몰이 무상해 잡을 수가
없었기 때문이었다. 즉 이들은 게릴라전을 전개하고 있었다.
관의 공격이 있으면 일반 백성 사이로 흩어져 구별할 수가 없
었다. 이는 백성도 이들을 지지하고 도왔음을 의미하는 것이
기도 했다. 실제로 이 지역의 아전과 백성은 임꺽정 일당과 연
결되어 적극적으로 정보를 제공하거나 숨을 곳을 마련해주었

다. 이들이 관군의 추적을 피해 일반 백성으로 위장하거나 여러 지역의 도피 장소를 이용할 수 있었던 것도 이 때문이었다. 특히 개성과 평양은 7들의 소굴이었다.

1560년(명종 15) 11월, 임꺽정의 모사인 서림(徐林)이 체포되었다. 그는 자신의 이익만을 앞세운 기회주의적 인물이었는데, 엄가라는 가명을 쓰며 서울 숭례문 밖에 숨어 지내다가 관군에 체포되었다. 그러자 서림은 그동안의 활동과 비밀을 모두 고해바쳤다. 그의 배신으로 필요한 정보를 얻어낸 관군은 임꺽정 일당에 대한 소탕 작전을 개시했다. 특히 마산리에서는 관군과 임꺽정의 부대 사이에 치열한 격전이 벌어졌다. 임꺽정 부대는 익숙한 도주로와 울창한 숲을 이용해 관군을 섬멸하는 등 승전을 거두기도 했다.

그사이 임꺽정을 체포해 공을 세우려고 혈안이 된 토벌군은 임꺽정의 형인 가도치를 임꺽정이라며 잡아오는가 하면, 엉뚱한 사람을 체포하고 임꺽정을 잡았다고 소란을 피우기도 했다. 또한 스스로 임꺽정이라 사칭하는 자도 있었다.

한편 오랜 기간 관군과 격전을 벌여야 했던 임꺽정에게도 어려움이 많았다. 임꺽정 부대는 토벌군에 비해 수적으로 열세를 면치 못했다. 설상가상으로 계속되는 토벌과 추위 속에서 무기와 식량마저 구하기 어려웠다. 임꺽정은 남은 무리를 이끌고 구월산으로 들어가 험준한 곳에 자리 잡고 계속 저항

했다. 그러나 1562년(명종 17) 1월, 임꺽정이 황해도 토포사 남치근(南致勤)에게 체포당하면서 3년여에 걸친 임꺽정의 난은 일단락되었다. 임꺽정의 난과 관련해 한 사신은 다음과 같이 자신의 견해를 기록했다.

> 근래 지방관이 배사할 때에 상의 교유는 으레 도적 잡는 것을 위주로 하니, 이는 병이 아픈 것만을 알고 병이 생기는 근본은 생각하지 않는 것이다. 저 도적이 생긴 것은, 도적질하기를 좋아해서가 아니라 기한(飢寒)이 절박해 부득이 도적이 되어 하루라도 연명하려고 하는 자가 많기 때문이니, 그렇다면 백성을 도적으로 만든 자가 과연 누구인가. 권세가의 문전이 시장을 이루어 공공연히 벼슬을 팔아, 무뢰한 자제들을 주군(州郡)에 나열해 백성을 약탈하게 하니, 백성이 어디로 간들 도적이 되지 않겠는가. 상은 이런 것을 알지 못하고 도적 잡는 한 가지 일만 매번 간곡히 부탁하니, 탄식을 이루 금할 수 있겠는가.
>
> 『명종실록』 27권, 명종 16년 10월 17일

임꺽정의 반란은 그저 단순한 도적 행위가 아니었다. 이는 16세기 중엽에 들어오면서 격화된 사회·경제적 모순과 권문세가나 내수사에 의한 농장 확대, 토지 수탈로 인해 농민에게 가해진 고통에서 비롯된 것이다. 정치가 문란하고 사회 모순이 심화되는 상황에서는 아무것도 모르는 순박한 백성마저도 도적이 될 수 있었다. 임격정의 반란 자체는 황해도·경기도·평안도·강원도에 걸친 하나의 지역적인 반란이었다. 그러나 이것은 거의 전국적인 현상이라 해도 과언이 아니었다. 지배층에게는 극악무도한 도적으로 평가된 임격정이었지만 민중은 그를 의적으로 여겼다. 그의 삶과 죽음 자체는 소외되고 억눌린 민중의 처절한 저항의 표출이었다.

문정왕후의 죽음과 윤원형의 몰락

1553년(명종 8) 명종이 20세가 되자 문정왕후의 수렴청정이 끝나고 명종의 친정이 시작되었다. 물론 문정왕후와 윤원형은 건재했다. 그래도 명종은 차츰 독자적인 권한을 행사하려고 시도했다.

명종은 1559년(명종 14)에 또 다른 외척인 인순왕후의 외삼촌 이양(李樑)을 동부승지로 특진시켜 윤원형의 독주를 견제하려 했다. 이양은 언관층을 중심으로 윤원형에 대항할 만한 세력을 키웠고, 1563년(명종 18) 무렵에는 가장 강대한 세력으로 부상했다.

그런데 이양 역시 자신의 세력을 유지하려면 반대 세력을 제거해야 했다. 그는 심복들을 동원해 다시 사림과 잔존 세력에 타격을 주려 획책하기 시작했다. 그러나 인순왕후의 동생인 심의겸에 의해 계획이 탄로 나고 말았다. 심의겸은 당시 이미 사류의 신망을 받고 있었다. 이양은 외조카인 심의겸이 청의(淸議)를 주장하는 세력과 가까운 것이 내심 꺼려졌다. 그래서 심의겸마저 제거하려다가 덜미를 잡히고 만 것이다.

이러한 사실을 알게 된 심의겸의 부친 심강을 비롯한 척신들은 인순왕후를 통해 명종에게 호소했다. 결국 이양은 1563년(명종 18)에 유배되었다. 명종은 순전히 윤원형을 견제하기 위해 이양을 발탁했다. 그렇기 때문에 명종의 입장에서도 지나치게 세력을 키워나간 이양이 부담이었던 것이다.

윤원형은 이양이 제거되자 자신의 지위를 더욱 안정적으로 만들기 위해 덕흥군(선조의 아버지)의 아들과 자신의 딸을 혼인시키려고 했다. 그러나 명종의 반대로 일을 성사시키지 못했고 결국 문정왕후의 죽음과 함께 몰락을 맞이했다.

이렇게 윤원형이 20년간 쥐고 있던 권력을 내려놓자, 그동안 분함을 삼키며 아무 말도 하지 못하던 사림은 양사를 통해 앞다투어 그의 전횡을 고발했다. 이제 그의 시대도 끝이 난 것이다. 당시의 기록 중에는 다음과 같은 일화도 전해진다.

윤원형이 쫓겨난 뒤에 지방의 한 백성 중에 한쪽 팔만 들고서 노래하고 춤추는 자가 있었는데 사람들이 그 까닭을 물으니 답하기를 "윤원형은 국가에 해를 끼친 놈인데 지금 쫓아내어 백성의 해를 제거했으니 그래서 기뻐서 춤추는 것이다"라고 했다. 그래서 한쪽 팔만 들고 주는 이유를 물으니 답하기를 "지금 윤원형은 쫓겨났으나 또 한 윤원형이 남아 있으니, 만약 모두 제거된다면 양 팔을 들고 춤을 출 것이다"라고 했으니, 바로 심통원(沈通源)을 가리킨 말이다.

『명종실록』31권, 명종 20년 8월 27일

심통원은 인순왕후의 아버지인 심강의 숙부다. 즉 '또 한 윤원형'이라는 말은 심의겸을 중심으로 한 또 다른 외척 세력을 의미하는 것이었다.

한편 기묘사화 이후 정계에서 쫓겨나다시피 한 당시 사림파는 중종 때 김안국·김정·신광한·권벌 등이 서용된 이래, 시간이 흐를수록 점점 더 많이 정계에 들어왔다. 언관, 특히 홍문관에는 이준경 · 임억령(林億齡) · 구수담 · 이황 · 나세찬(羅世纘) · 윤희성(尹希聖) · 이해(李瀣) · 나숙(羅淑) · 정희등(鄭希登) 등의 사림파가 포진하게 되었다. 이들은 중종에 이어 왕위에 오른 인종을 지지했다.

인종과 명종의 두 외척, 즉 대윤과 소윤이 사림을 대하는 태도는 전혀 달랐다. 윤임은 사림을 두둔했던 반면, 윤원형은 그렇지 않았다. 따라서 윤원형이 윤임 세력을 제거할 때 거기에 연루된 사림도 다수 희생될 수밖에 없었다.

을사사화를 비롯한 일련의 옥사는 기본적으로 외척의 실력 대결에서 비롯되었다. 그러나 계속 성장하던 사림 세력에 대한 훈구 세력의 위기의식에서 비롯된 것이기도 했다. 이렇듯 명종 초에 일어난 몇 차례의 옥사를 통해 사림파는 대부분 중앙 정계에서 사라졌다. 이 시기에 화를 입은 사림파 계열의 인물만 100명이 넘었다. 얼마 뒤 몇몇 사림파 계열의 인물이 중앙 정계에 진출했지만, 수적인 면에서나 세력 면에서 열세를 면치 못했다. 그렇다고 해서 이들의 맥이 완전히 끊긴 것은 아니었다. 이들은 다음 시대를 준비하는 노력을 계속하고 있었고, 서원의 건립을 통해 이 세력을 다시 결집시키고 있었다.

서원의 건립

조선 시대의 서원은 사림 세력의 향권 주도와 향촌 교화를 위한 결집체로, 유향소·향교와 더불어 중요한 향촌 운영 기구 중 하나였다. 서원은 일반적으로 선현·선사를 제향하는 사당의 기능과 자제를 교육하는 기능이 결합한 형태로 운영되었다. 이는 존현과 교육, 어느 한 가지도 소홀히 할 수 없었던 사림파의 인식을 반영한 것이었다. 그런데 설립 초기에는 존현과 교육의 기능만을 수행하던 서원이 점차 발전하고 주자학의 이론적인 토대가 심화되면서 사림이 수양하며 쉬는 장소로 변모해갔다.

조선 시대의 사림은 주자학을 신념적으로 숭신하고 있었다. 따라서 각종 향촌 기구의 구성이나 운영에서도 주자가 구상했던 생각을 실천하려고 노력했다. 서원의 출현도 이러한 정신에서 기원했고, 16세기 이후 사림의 성장과 궤를 같이하며 현실화될 수 있었다.

서원 건립의 주체는 16세기 이후 조선왕조의 정치를 주도한 사림 세력이었다. 성리학의 정통 계승자로 자부하던 사림 세력이 중앙 정계에 진출하면서 훈구파의 부국강병책과 문장 중심의 학풍을 비판하고 유향소를 비롯한 향촌 자치제 시행을 강력하게 주장했다. 특히 유향소는 주자가례·소학·향사례·향음주례 등 성리학적 실천 윤리를 보급해 유교적인 향촌질서 체제를 만들기 위한 향촌 자치 기구였다. 성종조에 대거 중앙으로 진출한 사림이 세조조에 혁파된 유향소의 복립을 줄기차게 요구한 것도 이 때문이었다.

유향소의 복립은 곧 사림의 기반 강화를 의미하는 것이었다. 이를 감지한 훈구파로서는 유향소의 복립을 도저히 용인할 수 없었다. 따라서 이들은 갖은 반대와 방해공작을 펼쳤다. 관권을 동원한 훈구파의 유향소 장악과 사림파에 대한 탄압은 사림의 의지를 꺾기에 충분했다. 이 과정에서 사림은 사마소(司馬所: 조선 중기 지방의 고을마다 생원과 진사들이 설립한 협의 기구)를 통해 본래의 의도를 관철시키고자 했지만 이 또한 훈구파의 반대로 실패했다.

이러한 흐름 속에서 사림은 무오·갑자사화를 통해 대대적으로 탄압을 받고 세력이 위축되었다. 사화의 여파로 세간에 글 읽는 소리가 사라지고 선비들의 은둔 사상이 고조됨으로써 사풍은 현저하게 저하되었다. 그러나 사림의 성장이라는 대세는 일시적인 사풍의 저하를 이겨내고 도학의 이름으로 재기하기 시작했다.

이런 상황에서 중종반정을 주도한 공신들은 정치의 혁신을 갈망하는 백성의 기대에 부응하는 한편 관인 확보를 위해서 교육의 진흥 방안을 강구하지 않을 수 없었다. 그리하여 성균관과 사학(四學)을 수리하고 유생을 모아 강론하는 등 학교 교육을 크게 강화했다. 그러나 이 또한 관학에 편중된 조처였고, 애초 기대했던 효과를 보지도 못했다.

이때 조광조를 중심으로 한 사림파는 도학 정치 이념에 기초한 교육 진흥책을 주장하고 나섰다. 물론 이들도 성균관이나 향교를 외면한 것은 아니었다. 그러나 사림은 관학이 오로지 과거에 초점을 맞추어 운영됨으로써 명리 추구를 부추기는 동시에 사습(士習)을 망치는 요인이 되었다고 비판했다. 그리고 대안으로 소학 장려와 존현, 사우지도(師友之道) 확립을 제시했다. 특히 이들은 존현의 차원에서 도학의 정통인 정몽주·김굉필의 문묘종사 운동을 전개했다. 물론 이 과정에서 공신 계열의 완강한 반발로 정몽주만 종사되었다. 김굉필의 경우에는 문묘종사에 성공하지 못했지만 사림의 학문 증진 차원에서 특정 인물에 대한 제향이 처음으로 제시되었다는 데에 의미가 있었다. 이는 훗날 사림의 존현 장소로 서원이 출현할 가능성을 보여주는 것이었다.

결국 관학의 부진은 사학의 발달을 촉진하는 요인이 되었다고 할 수 있다. 관학이 부진했던 주된 요인은 역시 교사의 무능에 있었다. 그러나 사학은 학덕을 겸비한 인사의 힘으로 설립되었던 만큼 관학의 단점을 보완해나갔다. 이런 가운데 중종 말년에 이르러 관학의 쇠퇴가 극에 달하면서 그 대안으로 학사의 신설이 제기되었다. 학사 신설의 건의는 기존의 향학과 국학을 대신할 만한 새로운 교육 기관의 탄생이 필요했던 시대정신의 발로로, 서원 출현의 중요한 계기가 되었다.

이러한 흐름 속에서 서원이 출현하기 1년 전에 어득강(魚得江)이 중국 서원 제도를 소개하며 학교 교육의 개선책을 제시했다. 이 역시 수기(修己)보다는 과거를 지향하는 성격이 강했기 때문에 조광조 등 사림파의 교화론과 일치하지는 않았다. 그러나 이는 분명 관학을 대신할 사학의 필요성이 촉구됐던 당시의 분위기를 대변하는 것이었다.

그러다 1543년(중종 38)에 풍기군수 주세붕(周世鵬)이 고려 말의 유학자 안향(安珦)을 제향하고 유생들을 가르치기 위해 경상도 순흥에 백운동서원(白雲洞書院)을 건립하면서 드디어 서원이 처음으로 출현했다.

주세붕은 상주 사람으로 1522년(중종 17) 문과에 급제했다. 여러 관직을 거쳐 1541년(중종 36)에 풍기군수로 부임했다. 그리고 5년의 재직 기간에 백운동서원을 건립했다. 그는 풍기군수 시절, 백운동서원의 건립뿐만 아니라 백성의 구제에도 노력했다. 이후 그는 직제학·도승지·호조참판을 거쳐 1552년(명종 7)에 황해도 관찰사로 부임했다. 그리고 해주에 수양서원(首陽書院)을 건립하기도 했다. 그는 마음이 너그럽고 청빈했으며, 효성이 지극했다고 한다. 그러나 벼슬길에 오를 때만 해도 남곤·허자 등과 같은 공신의 추천을 받아 청요직에 등용되었다. 또한 을사사화 때는 권신에 붙었다고 해서 사림으로부터 적지 않은 비난을 받기도 했다.

후에 백운동서원에 주세붕을 추향(追享)하려는 움직임이 있었으나, 이황이 그의 바르지 못한 심술과 탐욕을 이유로 반대했다. 이는 그에 대한 사림의 평판을 알 수 있는 대목이다. 그는 결국 조광조 계열의 사림이라기보다는 공신 계열에 가까운 사람이었다. 그런 인물이 서원의 최초 설립자라는 사실이 흥미롭다.

어쨌든 조선 시대 서원은 사림의 성장과 궤를 같이하면서 관학의 부진을 개선하고, 존현의 정신을 드높이는 차원에서 탄생했다. 그리고 백운동서원을 비롯한 대부분의 서원이 사찰 터에 건립된 사실은 조선왕조의 국시였던 숭유억불의 정신에도 부합하는 것이었다. 이후 서원은 이황·이이 등의 깊은 관심과 배려 속에 더욱 발전해 사림 전반에 광범위하게 보급되었다.

수렴청정의 그늘과 명종의 짧은 친정

명종이 어린 나이로 왕위에 오르자 모후인 문정왕후가 8년간 수렴청정을 했다. 문정왕후는 "타고난 자질이 영명하고 성도(聖度)가 강정"하며, "규문(閨門)이 법도가 있고 내정이 엄숙"했다. 소윤 일파와 더불어 정국을 이끌면서 정사에 비판적인 인사들을 가차 없이 내치는 등 단호한 면모를 드러냈다. 명종은 명색이 왕이었지만 모후의 그늘에 가려 전혀 자기의 목소리를 낼 수 없었다. 이것은 비단 수렴청정을 하는 동안에만 그런 것이 아니라 명종이 성인이 되어 수렴청정을 거둔 후에도 마찬가지였다.

임금이 나이 이미 장성했으므로 대비가 비로소 환정(還政)했다.

따라서 마음대로 권력을 부리지 못하게 되었으므로 만일 하고 싶은 일이 있으면, 곧 국문으로 조목을 나열해 중관(中官)을 시켜서 외전에 내어 보냈다. 임금이 보고 나서 일이 행할 만한 것은 행하고, 행하지 못할 것이면 곧 얼굴에 수심을 나타내며 쪽지를 말아서 소매 속에 넣었다. 이로써 매양 문정왕후에게 거슬렸으므로 왕후는 불시에 임금을 불러들여 "무엇 무엇은 어째서 행하지 않느냐"고 따지면 임금은 온순한 태도로 그의 합당성 여부를 진술했다. 문정왕후는 버럭 화를 내어 "네가 임금이 된 것은 모두 우리 오라버니와 나의 힘이다"라고 했다. 어떤 때는 때리기까지 해 임금의 얼굴에 기운이 없어지고 눈물 자국까지 보일 적이 있었다.

『연려실기술』 10권, 명종조 고사본말

사정이 이러다보니 명종에게는 '눈물의 왕'이라는 별명이 붙기도 했다. 명종이 스스로 견해를 밝히고 자신의 의지대로 정책을 펼치려면 모후인 문정왕후와 외숙인 윤형원을 비롯한 소윤 일파의 벽을 뛰어넘어야 했다. 그러나 명종에게는 자력으로 친정 체제를 몰아낼 힘이 없었다.

그러다 문정왕후가 죽고 윤원형마저 몰락하자 비로소 명종은 인재를 고루 등용하며 소신 있는 정치력을 발휘할 수 있게 되었다. 이때부터 사림의 전성기가 서서히 열리고 있었다. 그러나 명종의 치세는 오래가지 못했다. 문정왕후와 윤원형이 죽고 나서 불과 2년 만인 1567년(명종 22) 6월에 34세의 나이로 숨을 거두었다. 명종은 갑자기 병세가 위독해져 왕위 계승자를 미처 정하지도 못하고 죽었다.

시호는 공헌(恭憲)이며, 능은 서울시 노원구 공릉동에 있는 강릉(康陵)이다. 강릉은 문정왕후의 묘인 태릉(泰陵) 옆에 있다.

제14대 선조, 사림 정치 시대를 열다

방계 승통으로 왕위에 오른 선조

문정왕후와 윤원형 일파의 그늘에서 벗어난 명종은 친정 체제를 구축하고 선정의 의지를 다졌다. 그러나 명종은 뜻을 펼치기도 전에 34세의 젊은 나이로 죽었다. 명종에게는 후사가 없었다. 유일한 아들이었던 순회세자가 명종이 죽기 3년 전인 1563년(명종 18)에 13세의 나이로 먼저 죽은 탓이었다.

1567년(명종 22) 6월 28일, 전부터 자주 앓던 명종이 왕위 계승자를 정하지 않은 상태에서 갑자기 위독해졌다. 이준경·심통원 등이 승지와 사관과 함께 침전에 들어가보니 명종은 의식을 잃고 신음하고 있었다. 이준경 등이 엎드려 울면서 후사의 결정을 재촉했다. 말을 하지 못하는 명종은 겨우 한 손을 들어 안쪽 병풍을 가리킬 뿐이었다. 이준경은 왕의 뜻이 내전에 물으라는 것임을 알아차렸다. 그리하여 왕비에게 이를 물으니 다음과 같이 대답했다.

> 왕비가 답하기를 "지난 을축년에 주상으로부터 받아둔 「전지」가 있으니, 모름지기 그 사람을 사군(嗣君: 왕위를 이은 임금)으로 정해야 할 것입니다"라고 했다. 이는 을축년 9월, 상의 병세가 위독했을 때 중전이 「봉서(封書)」 하나를 대신에게 내린 바 있었는데, 하성군 이균(李鈞)을 사군으로 한다는 내용이었다. 그러자 준경 등은 배사(拜謝)하며 아뢰기를 "사직의 대계는 정해졌습니다"라고 했다.
>
> 『선조수정실록』 1권, 총서

명종은 이후 다시는 의식을 회복하지 못하고 죽었다. 이때 이준경이 바로 주서 황대수(黃大受)를 불러 대통 계승의 「전문」을 쓰게 했다. 황대수는 '셋째 아들 하성군에게 전한다'는 글을 쓰던 중 셋째 아들의 '三'자를 '參'자로 썼다. 협잡을 사전에 막으려는 조처였다. 중종의 일곱째 아들인 덕흥군에게는 아들이 세 명밖에 없었다. 따라서 굳이 '參'자로 쓰지 않아도 글자를 변조하기는 어려웠다. 그러나 만일의 경우 아들이

다섯이었다면 몇 획을 그어 '三'자를 '五'자로 만들 수도 있었을 것이다. 실제로 중국에서는 이러한 협잡으로 왕이 바뀐 사례가 있었다.

이렇게 하성군은 1567년(명종 22) 6월에 인순왕후의 지목으로 왕위를 계승하게 되었으니, 그가 제14대 왕 선조다. 선조는 1552년(명종 7)에 중종의 서자인 덕흥군과 정세호(鄭世虎)의 딸 사이에서 태어났다. 초명은 균(鈞), 개명은 연(昖). 명종의 아들인 순회세자의 이름이 부(暊)였기 때문에 항렬자를 따라 연이라고 고쳤다.

덕흥군에게는 아들이 세 명 있었는데, 첫째 아들이 하원군(河原君), 둘째 아들이 하릉군(河陵君), 셋째 아들이 하성군이었다. 선조가 왕위에 오를 때 덕흥군은 이미 세상을 뜨고 없었으며, 후에 덕흥대원군(德興大院君)의 시호를 받았다. 선조의 어머니 역시 하동부대부인(河東府大夫人)으로 추존되었다.

대원군이란 왕이 후사 없이 죽어 종친 중에서 왕위를 계승하는 경우 새로운 왕의 아버지에 대한 호칭이다. 조선왕조 500년을 통틀어 대원군이라 불린 이들은 선조의 아버지인 덕흥대원군, 인조의 아버지인 정원대원군(定遠大院君: 원종으로 추존), 철종의 아버지인 전계대원군(全溪大院君), 그리고 고종의 아버지인 흥선대원군(興宣大院君)까지 모두 4명이다.

일찍이 명종이 여러 왕손 중에서 하성군을 눈여겨보았던

사실이 다음과 같은 일화로 전해진다. 하루는 명종이 궁중에서 가르침을 받던 왕손들에게 "너희의 머리가 큰가 작은가 알아보려 한다"면서 익선관을 이들에게 차례로 써보게 했다. 그런데 이들 중 가장 나이가 어린 하성군은 관을 쓰지 않고 두 손으로 받들어 도로 어전에 갖다놓으면서 머리 숙여 사양했다. 그러고는 "이것을 어찌 보통 사람이 쓸 수 있겠습니까?" 하니 명종이 이를 기특하게 여겼다고 한다.

세자라는 정식 명칭이 붙지 않았을 뿐 명종은 하성군을 내심 왕위 계승자로 점찍어두고 지원을 아끼지 않았다. 자주 궁궐로 불러 시험해보기도 하고, 별도로 한윤명(韓胤明)·정지연(鄭芝衍) 등에게 가르침을 받도록 배려하기도 했다. 하성군은 글 읽는 것이 매우 정밀해서 남들이 생각하지 못한 질문을 많이 했고, 심지어 선생들조차 대답하지 못한 적이 한두 번이 아니었다고 한다. 그러했기에 하성군은 덕흥군의 장자가 아님에도 왕위 계승자로 지목될 수 있었다.

원래 차기 왕위 계승자인 세자의 자격 요건은 장자 상속을 원칙으로 했다. 이것은 조선 시대 이전부터 이미 확립된 원칙이었다. 그러나 왕위 계승과 같이 정치적으로 중요하고도 복잡한 문제를 원칙대로 시행하는 것이 그리 쉬운 일은 아니었다.

조선왕조 500여 년간 추대된 왕은 모두 27명이었다. 이들 중에서 왕의 적장자·적장손이었거나, 혹은 이들이 없을 때 서장자(庶長子)가 정상적으로 세자나 세손에 책봉되어 왕위를 계승한 경우는 겨우 10명에 불과했다. 나머지 17명의 왕은 세자의 책봉 과정이나 왕위 계승에서 원칙에 맞지 않는 비정상적인 계승자라고 할 수 있다. 이들 중에는 정종—태종, 인종—명종, 경종─영조 등과 같이 형제 세승의 경우가 있는가 하면, 예종·성종·효종 등과 같이 왕의 적장자나 적장손을 제치고 차자가 계승한 경우도 있다.

또 반정이나 찬탈과 같이 물리적인 실력 행사로 즉위한 세조·중종·인조와 같은 경우도 있고, 왕자가 아닌 먼 왕족이 대통을 이은 선조·철종·고종과 같은 경우도 있다. 광해군과 경종은 서자면서 세자에 책봉된 경우고, 정종과 세종은 중간에 세자가 교체되어 왕위에 올랐다.

왕위는 능력이나 도덕성도 중요한 계승 조건이 되었다. 즉 세자가 영 미덥지 못하면 그다음 아들에게 왕위를 물려주었다. 그도 미덥지 못하다 싶으면 형제 중 여러 사람의 추대를 받은 자에게 대통을 잇게 했다. 또 세자가 즉위 전에 죽은 경우에는 여러 아들 중에서 택정했다. 따라서 왕에게 아들이 없을 때는 세자 선정이 사실상 불가능하다고 할 수 있다. 이런 경우에는 왕의 유언으로 추대하거나 왕이 죽은 뒤에 내전에서 승계자를 지목했다. 경우에 따라서는 방계에서 택정하기도 했다. 조선왕조에서 왕실 방계로 왕위를 계승한 경우는 선조가 처음이었다.

선조는 8명의 부인에게서 14남 11녀의 자녀를 얻었으나, 정비인 의인왕후(懿仁王后) 박 씨는 자식을 낳지 못했다. 의인왕후는 박응순(朴應順)의 딸로 1569년(선조 2)에 왕비에 책봉되었고, 1600년(선조 33)에 46세의 나이로 죽었다. 계비 인목왕후(仁穆王后) 김 씨는 김제남(金悌男) 딸로 1602년(선조 35) 왕비에 책봉되었고, 영창대군을 포함해 1남 1녀를 낳았다. 이 밖에 후궁인 공빈 김 씨가 임해군과 제15대 왕인 광해군 형제를 낳았다.

사림 정치 시대의 개막

조선 시대 정치사는 대개 사대부 정치기—훈신 정치기— 사림 정치기—탕평 정치기—외척 세도 정치기로 구분된다. 이 중에서 선조 대는 사림 정치기가 시작되는 시기다. 사림이라는 말은 15세기 후반부터 역사적인 개념으로 쓰이기 시작했다. 원래 사림은 사대부의 무리를 지칭하는 용어였다. 고려 말과 조선 초에는 문관과 무관을 통틀어 사대부라고 부르기도 했다. 따라서 사림이라고 하면 문·무 양반 관료와 그 일족, 그리고 벼슬하지 않은 선비까지 포함하는 개념이라고 할 수 있다.

그러나 세조의 쿠데타 이후 성종조에 이르는 18년간 250명의 공신이 양산되어 이들을 중심으로 한 훈구파가 정권을 차지하게 되었다. 여기에서 소외된 부류를 '사림파'라 부르기 시작했다. 세조는 자기를 지지하지 않는 집현전 학사들을 대신해 김종직 등 젊고 야심 있는 신진 사류를 불러들였다. 예종이나 성종도 훈구파를 누르기 위해 신진 사류를 등용했다.

훈구파는 문장을 중시하는 사장파였다. 이에 비해 사림파는 도덕적인 수양을 내세우는 경학파였다. 사림은 『소학』의 정신을 내세워 부패한 훈구 관료들을 공격하기 시작했다. 이들은 훈구 세력을 누르려는 왕들의 도움으로 잇달아 정계에 진출해 새로운 기풍을 불러일으켰다. 또 추천제를 시행해 신진 사류의 정계 진출을 좀 더 쉽게 했다. 인사권과 언론권도 차지했다. 그러나 이들의 조급했던 개혁 의지에 염증을 느낀 왕들은 훈구 세력과 결탁해 몇 차례의 사화를 일으켰다.

약 50년간 사림이 크게 화를 입은 사화가 네 차례나 있었다. 무오사화 · 갑자사화 · 기묘사화 · 을사사화를 일컬어 조선 4대 사화라고 한다. 사화는 그것이 훈구파에 의해서든 외척에 의해서든 대체로 화를 당한 쪽이 거의 사림 세력이었다는 공통점이 있다.

기묘사화 이후 큰 타격을 받았던 사림 세력은 중종 말엽에 다시 중앙으로 진출했으며, 인종은 이들을 지지했다. 그러나 인종은 왕위에 1년도 채 머무르지 못했다. 아우인 명종이 즉위하자 인종의 외척 대윤과 명종의 외척 소윤 사이에 권력 쟁탈이 벌어졌다. 외척 세력은 사림을 대하는 태도에서도 상반된 입장을 보였다. 대윤인 윤임이 사림을 감쌌던 반면, 소윤 윤원형은 정반대였다. 이에 명종조 초반에 을사사화가 일어나 윤임 세력뿐만 아니라 사림까지도 많은 희생을 당했다. 이렇게 사림은 다시 밀려나게 되었다. 비록 소수의 사림파가 정계에 남아 있었지만, 이들은 계속 재야적인 입장에 놓일 수밖에 없었다.

1553년(명종 8) 명종이 20세가 되자 문정왕후의 수렴청정이 끝나고 명종의 친정이 시작되었다. 그러나 친정 이후에도 척신 정치의 폐단은 없어지지 않았다. 이때 명종은 이제까지의 악정을 바로잡기 위해 명종비 인순왕후 심 씨의 아버지인 심강의 처남 이양을 중용했다. 그러나 그 또한 명종의 신임을 믿고 새로운 파벌을 만들었다. 뿐만 아니라 그에게 순종하지 않는 사림 출신의 윤근수(尹根壽)·윤두수(尹斗壽)·이문형(李文馨)·박소립(朴素立) 등을 외직으로 추방했다. 그리고 사림을 숙청하기 위해 사화를 일으킬 흉계까지 꾸몄다. 이때 인순왕후의 동생인 심의겸이 계획을 미리 알아차리고 그를 제거함으로써 사림을 위기 직전에 구하게 되었다.

이렇게 이양이 제거되자 심의겸의 영향력은 커졌다. 물론 심의겸 또한 척신이긴 했으나, 당시 사림 세력과 친밀한 관계를 맺었기 때문에 이전의 척신들과는 다른 면모기 있었다. 또한 심의겸의 조부 심연원(沈連源)은 김안국의 문인으로 친사림적인 인물이었다. 심의겸의 부친 심강도 사림 보호를 역설한 적이 있었다. 훗날 이준경·홍섬(洪暹) 등 선배 사림으로 불리는 이들은 바로 이때 심의겸의 도움으로 관계에 진출한 사류들이었다. 이러한 상황에서 문정왕후의 죽음은 사림이 본격적으로 정계에 진출하는 중요한 계기가 되었다.

선조 즉위 후 가장 두드러지게 달라진 것은 기묘사화 이후에 위축되었던 사림이 정계에 대거 진출했다는 점이다. 명종이 부를 때는 좀처럼 상경하지 않던 이황이 선조의 부름에는 응했다. 이황은 선조가 즉위한 다음 달인 7월에 예조판서 겸 지경연사로 임명되었다. 을사사화 당시에 파직되었던 백인걸은 71세의 노령임에도 교리를 거쳐 직제학이 되었다.

한편 권신 윤원형·이양과 더불어 정치를 농단했던 심통원은 관작이 삭탈되었고, 을사사화 이후 억울하게 죄인이 된 노수신·유희춘·김난상 등 10여 명을 다시 등용했다. 이를 시작으로 사림 세력은 계속해서 확장되었다.

반면 명종과 문정왕후의 비호 아래 권세를 누리던 권신들은 정치적으로 참패했다. 사림 세력의 승리는 기묘사화의 명인 조광조 추증과 남곤의 관작 삭탈에서도 알 수 있다. 선조는

1568년(선조 1) 9월, 이황을 특명으로 석강에 참가시킨 다음 "지난번에 조정의 의논이 조광조를 추증하려고 했다. 그 사람의 학문과 행사가 어떠했는가?" 하고 물었다. 그러자 이황이 다음과 같이 대답했다.

조광조는 천품이 뛰어나고 일찍이 성리(性理)의 학문에 뜻을 두었으며 집에 거할 때는 효성과 우애가 있었습니다. 중묘(中廟: 중종)께서 치도(治道)를 갈구하시어 삼대의 다스림을 일으키려고 하자 조광조도 세상에 다시없는 성군을 만났다고 해 김정·김식·기준·한충 등과 서로 같은 마음으로 협력해 모든 정치에서 크게 경장(更張)시켰습니다. (중략) 이리하여 구신(舊臣)들에게 배척을 당해 실직한 자들이 앙심을 품고서 갖가지로 허점을 살피다가 망극한 참언을 만들어 한 시대의 사류가 귀양 가거나 사형을 당했습니다. 그때의 환란이 지금까지 만연되어 사림 중 학행에 뜻을 갖는 사람이 있으면 그를 미워하는 자들이 기묘(己卯)의 유라고 지목하기도 하는데, 누가 화를 무서워하지 않겠습니까. 사풍(士風)이 크게 더럽혀지고 명유(名儒)가 나오지 않는 것은 바로 이 때문입니다.

『선조실록』 2권, 선조 1년 9월 21일

그러자 선조가 "저번에 홍문관이 남곤의 관작을 추탈할 것을 논계했는데 이 사람은 또한 어떠한 사람인가?"라고 하면서 조광조의 추증과 남곤의 추죄에 대한 의견을 물었다. 이황의 대답은 다음과 같았다.

> 남곤의 죄악은 매우 중대하므로 관작을 삭탈시켜야만 사람들이 시원스럽게 여길 것이니, 조광조를 포상 추증하고 남곤을 추죄한다면 시비가 분명해질 것입니다.
>
> 『선조실록』 2권, 선조 1년 9월 21일

이에 선조는 마침내 남곤의 관작을 삭탈했다. 조광조의 추증과 남곤의 추죄는 중종 말년부터 꾸준히 제기된 문제였는데, 이때에 와서 드디어 해결을 본 것이다.

이렇게 훈구 세력과 권신이 정치 무대에서 사라지자 사림에게는 더 이상 적대 세력이 없었다. 그러자 이들은 스스로 분열해 붕당을 이루었다. 선조 초년에는 명종조 권신 정치기에 심의겸의 도움으로 관계에 진출했던 선배 사림과 사림 정치기에 새롭게 정계에 진출한 후배 사림 사이에 당쟁이 벌어졌다. 물론 심의겸은 소윤에 비견될 정도의 척신 세력은 아니었다. 그러나 모든 정치적 역학 관계가 척신의 입장에서 전개되었던 것은 분명한 사실이었다. 따라서 사류로서는 심의겸과 그를 용납하는 선배 사류에 대해 불만이 생길 수밖에 없었다.

후배 사림은 선배 사림이 개혁에 적극적이지 않다는 것도 불만이었다. 후배 사림은 선배 사림을 속물이라며 소인으로 몰아세우고 자신들은 군자임을 자처했다. 이러한 가운데 양자 간의 대립은 점차 심화되어 마침내 동·서인의 분당으로 발전하게 되었다.

붕당을 예견한 이준경

이준경은 1499년(연산군 5) 태어났다. 갑자사화 때 사사된 이세좌(李世佐)의 손자다. 아버지인 이수정(李守貞)도 갑자사화 때 사사되었으며, 이에 연좌되어 이준경은 6세의 어린 나이에 형 이윤경(李潤慶)과 함께 충청북도 괴산에 유배되었다가 1506년(중종 1) 중종반정으로 풀려났다.

1522년(중종 17) 사마시에, 1531년(중종 26) 문과에 급제했다. 1533년(중종 28) 홍문관 부수찬이 되었는데, 구수담과 함께 경연에 나가 중종에게 기묘사화 때 화를 입은 사류의 무죄를 역설하다가 권신 김안로 일파의 모함으로 파직되었다. 김안로 일파가 제거된 뒤 다시 등용되어 여러 관직을 두루 거쳤다. 1545년(인종 1) 을사사화 때는 평안도 관찰사로 나가 있어 화를 면했고, 1548년(명종 3) 다시 중앙으로 올라왔다. 1550년(명종 5)에는 이기의 모함으로 유배되었다가 이듬해 풀려났다. 이후 요직을 두루 거치며 승진을 거듭하다가 1565년(명종 20)에 마침내 영의정의 자리에 올랐다. 1567년(선조 즉위년)에는 명종의 고명을 받들어 선조를 즉위시키는 역할을 했다.

이처럼 이준경은 중종부터 선조까지 네 명의 왕을 섬긴 원로였다. 그런 그가 1572년(선조 5) 임종을 앞두고 40년의 정치생활을 마감하면서 「유차(遺箚: 죽음 직전 유서를 대신하는 상소문)」를 올렸다. 그런데 유차가 붕당의 조짐을 시사하고 타파책을 마련할 것을 강력하게 주장한 내용이어서 조정을 발칵 뒤집어 놓았다.

중국과 조선같이 제왕에게 권력이 집중된 중앙집권 국가에서 붕당은 원칙적으로 금지되어 있었다. 『대명률(大明律)』이라는 명나라의 법전에는 붕당을 금지하는 조항이 명문화되어 있었고 이 금지 조항을 어길 경우 죽음을 면치 못했다. 조선에서도 『대명률』을 그대로 쓰고 있었으므로 붕당은 금기 사항이었다. 조광조가 죽은 표면적인 이유도 붕당을 만들었다는데 있었다.

그러니 붕당을 예견하는 이준경의 발언은 자체만으로도 호된 비난을 초래하는 일이었다. 특히 이이는 이준경의 말을 시기와 질투, 음해의 표본으로 간주했다. 그리고 "새가 죽을 때는 울음소리가 슬퍼지고 사람이 죽을 때는 말이 선해진다고 하는데, 준경은 죽을 때도 말이 악하다"고 말할 정도로 배척했다.

선조가 즉위하던 16세기 중반은 훈신 정치의 말기적 현상인 권신 정치의 혼란이 수습되고 이른바 '사림의 시대'가 시작되던 시기였다. 그러나 정치 풍토는 일신되었어도 정치 세력의 교체가 일순간에 이루어질 수는 없었다. 그러다보니 선조 초반에는 중종에서 명종까지 세 임금을 섬긴 원로대신들이 새로 진출한 사림과 공존하고 있었다. 명종의 고명대신으로 선조가 즉위하는 데 결정적인 역할을 한 이준경을 필두로 심통원·민기(閔箕)·홍섬·홍담(洪曇)·송순(宋純)·김개(金鎧) 등은 구신을 대표하는 인물들이었다. 그리고 이황·노수신·유희춘·김난상·이이·정철·기대승·심의겸·이후백(李後白)·신응시(辛應時)·유성룡·오건(吳健)·김우옹(金宇顒) 등은 사림을 대표하는 인물이었다. 신진 사림은 구신들을 못마땅하게 여겼다. 그러면서 신·구신 간의 붕당이 일어날 조짐이 보이기 시작했다.

1572년(선조 5) 7월 7일, 이준경이 붕당이 일어날 것이라고 경고한 것은 바로 이러한 정황을 말한 것이다. 이준경은 김굉필과 조광조의 제자였던 사촌형 이연경(李延慶)의 문하에서 성리학을 수학했다. 따라서 사림 친화적인 인물이라고 여겨질 만했다. 그러나 그는 이른바 도학(道學)하는 선비를 좋아하지 않았고, 안정에만 주력한 나머지 급진적이고 개혁적인 성향을 지닌 신진 사류와도 화합하지 못하는 면이 있었다. 이 때문에 이이, 기대승과는 자주 마찰을 일으키기도 했다. 또한 이준경은 이황을 '산금야수(山禽野獸)'에 비유하기도 했다. 이 말은 이황이 날짐승이나 들짐승처럼 길들이기 어렵다는 뜻으로 나오기를 어려워하고 물러나기를 쉽게 하는 이황의 태도를 풍자한 것이다. 당대 사림의 영수를 산금야수에 비유한 것만 봐도 이준경이 사림을 어떻게 생각했는지 짐작할 수 있다.

노련한 정치가였던 이준경은 신진 사류의 개혁 지향적·급진적·비판적인 성향에 대해 불만과 우려를 동시에 느꼈다. 그런 가운데 이들 사이에서 분열의 조짐을 감지한 것이다. 신구 세력 사이의 대립과 분열도 문제지만, 이준경이 우려한 좀 더 근본적인 문제는 특정 세력을 중심으로 붕당이 결성되는 것이었다. 특정 세력은 바로 인순왕후의 동생이자 척신을 대표하는 심의겸이었다.

결국 이준경의 예언은 적중했다. 이준경이 죽고 3년 후 사림은 분열을 일으켜 동인과 서인으로 따로 나뉘게 된 것이다. 공교롭게도 심의겸이 분열의 핵이었다. 이 점에서 이준경의 예언은 음해나 저주의 표본이 아니라 선견지명이었다는 것이 증명되었다. 이후 300년간 이어진 뿌리 깊은 당쟁은 이렇게 시작되었다.

동서 분당

  1575년(선조 8) 사림이 동인과 서인으로 분열하면서 본격적인 당쟁의 역사가 시작되었다. 사림은 역사의 대세를 타고 성장했다. 그리고 선조조에 이르러 '사림 정치'라는 새로운 정치 형태를 만들어내면서 역사의 주체로 부상했다. 그러나 곧바로 표출된 신구 간의 갈등과 복잡하게 얽힌 관직 제도로 인해 사림은 분열의 조짐을 보이기 시작했다. 여기에 척신에 대한 인식의 차이로 사림의 분열은 불가피해졌다. 분열의 기폭제가 된 것은 심의겸과 김효원의 알력이었다.

  1572년(선조 5) 2월 이조전랑 오건이 자신의 후임으로 김효원을 추천했다. 김효원은 이황·조식(曺植)·김근공(金謹恭)의 문인으로 1565년(명종 20) 문과에 장원급제한 수재였다. 그런데 이조참의 심의겸이 오건의 추천을 거부했다. 거기에는 나름의 이유가 있었다. 온 세상이 김효원을 두고 청백·조신·문재를 겸비한 인물로 평가했지만, 심의겸은 이를 인정할 수 없었다. 심의겸에게 김효원은 권신의 문객에 지나지 않았다. 심의겸은 지난날 윤원형의 집에서 청년 김효원을 대면한 적이 있었는데, 이때부터 심의겸의 머릿속에서 김효원은 '권신의 집을 드나드는 소인'이라는 선입견이 자리 잡았다. 바로 이런 이유에서 심의겸은 김효원을 반대했다. 결국 김효원은 이조전랑에 임명되지 못했다. 그를 추천했던 오건도 관직을 버리고 낙향함으로써 조정에 파문이 일었다. 이때부터 심의겸과 김효원의 알력이 심화되기 시작했다.

전랑은 문무관의 인사 행정을 담당하던 이조와 병조의 정랑(正郞)·좌랑(佐郞)의 통칭이다. 품계는 낮지만 유수한 청요직 중에서도 으뜸가는 직책이었다. 문관을 중시하던 조선 시대의 풍토에서 이조전랑의 중요성은 커질 수밖에 없었다. 이조전랑은 문관의 인사에서 정승과 판서를 제재할 수 있는 권한이 있었기 때문에 당상관도 이조전랑을 만나면 말에서 내려 인사했다고 한다. 이 밖에도 이조전랑은 언론 삼사인 사헌부, 사간원, 홍문관의 청요직을 선발하고 재야 인사의 추천권을 가지는 등 여러 가지 특권이 있었다. 자신의 후임을 지명하는 이른바 '자대권(自代權)'도 주요한 특권 가운데 하나였다.

조선의 관직 체계에서 이조전랑을 특별하게 대우한 것은 대신의 권한을 견제하기 위해서였다. 이들은 삼사의 통청권(通淸權)을 잡고 있었기 때문에 은연중에 언론을 장악하는 한편 삼사를 통해 대신의 독단을 견제할 수 있었다. 이처럼 인사권과 언론권이 집중된 직책이었기 때문에 전랑직을 누가 차지하느냐에 따라 권력의 향배가 결정될 수 있었다.

전랑은 재상도 견제할 수 있는 자리였기에 각 세력 간 쟁탈전이 치열할 수밖에 없었다. 당시 재상층을 위시해 구세력을 대표했던 인사는 신의겸이었고, 새로이 부상하는 신진 세력의 구심점은 김효원이었다. 심의겸이 김효원의 전랑직 임명을 막은 근본적인 이유는 바로 김효원을 중심으로 언관권이 성립될 가능성을 차단하기 위해서였다.

이런 가운데 이조전랑의 자리는 심의겸과 가까운 조정기(趙廷機)가 차지했다. 그러나 문제는 여기서 그치지 않았다. 이후에도 김효원은 심의겸의 방해로 전랑의 문턱에서 번번이 고배를 마셔야 했다. 사실 김효원은 권신의 문객이나 식객이 아니었다. 출세와 영달을 위해 윤원형의 집을 출입한 것은 더욱 아니었다. 심의겸 일파를 제외한 모든 사림이 김효원의 결백을 인정했다. 따라서 이조전랑 임용에 결격 사유는 없었다. 그리하여 갖은 방해 공작에도 불구하고 1574년(선조 7) 7월 마침내 김효원은 당당하게 이조전랑에 임명되었다.

그렇다면 김효원의 눈에 비친 심의겸은 어떤 존재였을까? 한마디로 정치 일선에서 배제되어야 할 척신이며, 노회한 구신에 불과했다. 심의겸은 영의정을 지낸 심연원의 손자며, 명종비 정순왕후의 동생이었다. 또한 명종조의 권신 이양의 외조카기도 했다. 이처럼 그는 훈신의 자제로서 당대 척신을 대표하는 존재였다. 비록 1563년(명종 18) 이양이 사림에게 탄압을 자행할 때 사림을 적극적으로 보호해 신망을 얻은 것은 사실이지만 척신의 이미지를 탈피할 수는 없었다.

한편 김효원이 천신만고 끝에 이조전랑에 오름으로써 상황은 반전되었다. 신진 사류의 지지와 언관권을 장악한 김효원의 기세는 실로 대단했다. 이런 상황에서 김효원의 역공이 시작되었다. 그는 심의겸을 두고 "미련하고 거칠어서 중용할 수 없나"고 하는가 하면 "기질이 조합하고 어리석어서 이조에 쓰는 것이 불가하다"고 비난하기도 했다. 이로써 두 사람의 반목은 더욱 심화되었다.

그즈음, 공교롭게도 심의겸의 동생 심충겸(沈忠謙)이 김효원의 후임으로 거론되었다. 그러나 김효원은 "전랑이 외척 집안의 물건도 아니고 반드시 심 씨 문중에서 차지해야 한단 말인가?"라며 반대했다. 그리고 이중호(李仲虎)의 아들 이발(李潑)을 자신의 후임으로 추천했다.

이유 불문하고 조정에는 다시 파란이 일었다. 김효원의 태도를 고깝게 여긴 심의겸 일파는 김효원을 소인으로 지목하며 비방했다. 그러나 김효원 측의 대응도 만만치 않았다. 이들은 심의겸을 두고 정인(正人: 김효원)을 해치는 사람으로 몰아붙이며 첨예하게 맞섰다. 이는 김효원과 심의겸을 표면에 내세운 신진 사류와 구세력의 대립이었다.

이렇게 분열이 가시화된 가운데 어느 한쪽도 물러설 수 없는 극단적인 상황이 연출되었다. 바로 그때 조정책을 내세운 사람이 바로 이이였다. 이이는 이러한 상황이 자못 난처했다.

일찍이 그는 이준경의 유언을 음해와 저주의 표본으로 간주한 바 있었다. 그런데 이제 와 분열이 가시화되고 있으니 이준경을 비난했던 책임을 면할 수 없었던 것이다. 불안해진 이이는 극단적인 대립을 중재하기 위해 조정책을 제시했으나, 조정책은 도리어 분쟁을 더욱 격화시키고 말았다.

이이의 조정책은 격앙된 조정의 분위기를 완화하는 차원에서 두 사람을 외직에 임명하는 것이 골자였다. 심의겸을 개성유수, 김효원을 경흥부사로 파견하는 것으로 이는 김효원 측에 불리한 인사 조처였다. 그러자 이때부터 문제는 더욱 복잡하게 꼬였다. 양자의 충돌은 재상권(宰相權)을 바탕으로 하는 선배 사림과 낭관권(郞官權)을 기반으로 하는 후배 사림의 구조적인 대립이 원인이었다. 따라서 개인적인 차원의 무마책으로는 사태를 수습할 수 없었다. 더욱이 심의겸 측에서는 조정책을 역이용해 김효원 일파를 완전히 제거하려는 속셈을 드러냄으로써 사태를 더욱 악화시켰다. 이를 간파한 김효원측이 인사 조처에 강하게 반발했다. 결국 이이의 조정책은 문제의 해결은 고사하고 분열을 부채질한 꼴이 되고 말았다.

결국 이를 계기로 선배 사림과 후배 사림의 분열, 즉 '동서분당'이 일어나게 되었다. 김효원은 서울 동쪽의 건천동에 살았기 때문에 그를 추종하는 계열을 동인이라 했고, 심의겸은 서쪽의 정릉동에 살았기 때문에 그를 추종하는 계열을 서인이라 했다. 동인과 서인이라는 당호는 이렇게 만들어졌다.

동인은 대체로 이황과 조식의 문인이 많았다. 동인의 영수로 추대된 허엽(許曄)은 선배 사림에 속하는 인물이었지만, 동인의 주축 인물은 대부분 유성룡·우성전(禹性傳)·김성일(金誠一)·남이공(南以恭)·김우옹·이발·이산해·송응개(宋應漑)·허봉(許篈)·이광정(李光庭)·이원익(李元翼)·홍가신(洪可臣)·이덕형(李德馨) 등 소장파 인사들이었다.

한편 서인은 허엽과 대립하던 박순을 영수로 결집했다. 이이와 성혼(成渾)의 제자들이 많았는데, 주축 인사로는 정철·신응시·정엽(鄭曄)·송익필(宋翼弼)·조헌(趙憲)·이귀(李貴)·황정욱(黃廷彧)·김계휘(金繼輝)·홍성민(洪聖民)·이해수(李海壽)·윤두수·윤근수·이산보(李山甫) 등이 있었다.

정여립의 난과 기축옥사

1584년(선조 17)에 동인과 서인의 조정에 힘을 쏟았던 이이가 죽었다. 그 뒤로 5, 6년 동안 서인은 조정에 들어가지 못하고 동인 집권기가 계속되었다. 그런데 1589년(선조 22), 전주에 사는 정여립이 반란을 도모한다는 비밀 보고가 올라왔다. 정여립은 서인에서 동인으로 전향한 인물이었다.

정여립은 동래 정 씨로 전주 동문 밖에 살고 있었다. 그의 태몽은 '고려의 역신(逆臣) 정중부가 나타난 꿈'이었다고 한다. 그래서인지 아버지 정희증(鄭希曾)은 사람들이 득남을 축하해도 기뻐하는 기색이 없었다. 정여립의 나이 7, 8세 무렵, 동네 아이들과 놀면서 까치 새끼의 부리와 발톱을 칼로 토막 낸 일이 있었다. 정희증이 이것을 보고 누가 했느냐고 물으니 한 여종이 정여립이 한 일이라고 고해버렸다. 이날 밤 정여립은 앙심을 품고 여종을 죽여버렸다. 이러한 그의 잔인한 면모에 사람들은 경악했고, 그의 아버지조차 아들을 두려워했다.

정여립은 1570년(선조 3) 25세의 나이로 문과에 급제했으나 고향으로 돌아와 독서에만 전념했다. 그는 이 시기에 이이와 성혼의 문하를 왕래하며 학문을 논하기도 했다. 이이와 성혼은 정여립의 다소 과격하고 급한 기질을 걱정하면서도 그의 박학다식함에 탄복했다. 그리고 급기야 그를 조정에 천거하기까지 했다. 정여립도 매번 이이에 대해 "공자는 익은 감이고 율곡은 덜 익은 감이다"라며 극찬을 했다. 정여립은 '죽도선생(竹島先生)'이라고 불렸는데, 언변이 능수능란하기로 유명했다. 말의 옳고 그름을 떠나서 한 번 입을 열면 좌중을 감탄시켰다. 또 비록 그가 잘못되었음을 알고 있더라도 감히 그와 대적하려는 자가 없었다.

1584년(선조 17) 겨울, 정여립은 김우옹·이발 등과 함께 당시 정승이었던 노수신에 의해 천거되었다. 이후 그는 이발·

이길(李洁) 형제에게 추천되어 사헌부와 홍문관에 발탁되기도 했다. 그러나 그는 이이가 죽고 난 후 서인에서 동인으로 전향해 시종일관 이이를 "나라를 그르치는 소인"으로 매도했다. 정여립은 선조 앞에서도 이이를 소인이라고 비난했다. 그러자 신조는 오히려 정여립이 송 나라 형서(邢恕)와 같은 사람이라고 혹평했다. 형서는 배은망덕한 인물의 표본 같은 사람이었다. 그렇게 정여립은 선조의 눈 밖에 나게 되었다. 이발이 계속 천거하기는 했지만, 선조는 끝내 그를 쓰지 않았다.

정여립은 고향으로 내려갔다. 그곳에서 그는 여전히 집권 동인과 긴밀한 관계를 유지하면서 재기를 노렸다. 그러고는 거짓으로 학문을 강론한다고 하면서 무뢰한을 불러모았다. 무리 중에는 무사와 승려도 섞여 있었다. 황해도로 간 정여립은 안악 사람 변숭복(邊崇福)·박연령(朴延齡), 해주 사람 지함두(池涵斗) 등과 비밀리에 사귀며 일을 꾸몄다. 그는 기회를 틈타 난을 일으키려고 했다. 그리고 전주·금구·태인 등 이웃 마을의 여러 무사와 노비 등 계급의 상하를 막론하고 사람을 모아 대동계(大同契)라는 계를 조직했다.

대동계는 1587년(선조 20)에 왜구가 전라도 손죽도에 침범했을 때 전주부윤 남언경(南彦經)의 요청으로 군사를 원조하기도 했다. 정여립은 이를 계기로 대동계 조직을 전국으로 확대했다. 왜적이 물러가고 군사를 해산할 때 정여립은 여러 영장에게 "너희는 뒷날에 또 어떤 일이 있거든 각기 소속 군사를 거느리고 일시에 모이라"는 명령을 내리고 군사 명부 한 벌을 가지고 돌아갔다.

당시 조선의 군사력은 왜국의 침략에 대동계 같은 사조직의 도움을 받을 정도로 약해져 있었다. 이러한 상황은 정여립과 같은 사람이 반역을 꾀하기 좋은 여건이기도 했다. 그는 평소 "천하는 공물(公物)인데 어찌 정해진 임금이 있겠는가"라는 말을 공공연하게 떠들고 다녔다고 한다. 또한 "두 임금을 섬기지 않는다는 것은 왕촉(王蠋)이 한때 죽음에 임해 한 말이지 성현의 통론은 아니다"라고 말하기도 했다. 그는 이처럼 왕위 계승의 절대성을 인정하지 않았다.

한편 당시 세간에는 "목자(木子)는 망하고 전읍(奠邑)은 흥한다"는 내용의 동요가 떠돌았다. 여기서 목자와 전읍은 각각 '이(李)'자와 '정(鄭)'자를 파자한 것으로, 이 씨가 망하고 정 씨가 흥한다는 뜻이었다. 정여립은 이 글귀를 옥판에 새겨서 승려 의연(義衍)에게 시켜 지리산 석굴 속에 감춰두게 했다. 그리고 나중에 산 구경을 갔다가 이것을 우연히 발견한 것처럼 꾸몄다. 이때 변숭복·박연령이 이것을 보고 정여립을 시대 운기에 맞춰 난 사람이라고 했다. 소문은 민간에 널리 퍼지게 되었다. 특히 정여립의 아들 정옥남(鄭玉男)은 태어날 때부터 눈동자가 두 개씩이고 양쪽 어깨에 사마귀가 일월(日月) 형상으로 박혀 있었다. 정여립이 반역을 도모할 마음을 먹은 것도 대개 아들 옥남을 믿었기 때문이라고 한다.

1589년(선조 22) 어느 날, 정여립은 비밀이 누설된 것을 알고 드디어 반란을 일으키기로 했다. 그리고 겨울이 오기를 기다려 황해도와 전라도 지방에서 일제히 군사를 일으킨 후 서울로 진격하기로 했다. 그러나 겨울이 오기 전인 10월 2일, 안악군수 이축(李軸)·재령군수 박충간(朴忠侃)·신천군수 한응인(韓應寅) 등이 정여립의 역모를 고변했다. 황해감사 한준(韓準) 역시 같은 내용의 비밀 장계를 조정에 보고했다. 당시 정승의 자리에는 이산해·정언신(鄭彦信) 등이 있었다. 이발과 백유양(白惟讓) 등은 고변한 자가 이이의 제자들이라며 정여립을 두둔했다. 어쨌든 고변이 들어온 이상 진위를 알기 위해 정여립을 잡아들이기로 했다.

정여립의 죽음과 송익필

반역을 모의한 사실이 탄로 난 것을 안 변숭복과 정옥남은 금구로 달려가 정여립에게 알렸다. 정여립은 이날 밤 이들과 죽도로 달아났다. 진안현감 민인백(閔仁伯)이 관군을 이끌고 이들을 추격했다. 관군이 포위망을 좁혀오자 정여립은 칼로 변숭복과 아들 옥남을 쳐서 죽인 후 자신은 칼자루를 땅에 꽂아놓고 스스로 찔려 죽었다.

정여립의 자살은 무엇을 의미하는 것일까? 그는 자신의 혐의를 인정한 것일까. 아니면 누군가가 쳐놓은 함정에 빠진 것일까. 만약 그가 스스로 죄인임을 시인한 것이라면 관련 문서를 고스란히 남겨놓은 점과 자신의 연고지로 도망간 점 등이 의문점으로 남는다. 석연치 않은 점은 또 있다. 진안현감은 어떻게 정여립이 죽도로 도망갈 줄 알고 뒤를 쫓았는가 하는 점이다. 진안현감이 이를 미리 알았다는 것은 누군가 정여립을 유인한 것이라고 볼 수 있다. 만약 그렇다면 정여립을 유인한 자는 변숭복일 가능성이 크다. 정여립은 마지막 순간에 변숭복의 꾐에 빠진 것을 알고 그를 죽였을지도 모른다.

한편 이 사건을 배후에서 조작한 인물로 지목된 사람이 있었는데, 바로 송익필(宋翼弼)이었다. 황해감사 한준이 올린 장계에도 송익필 형제 관련설이 포함되어 있었다. 송익필은 출신이 미천해 벼슬은 못 했지만 성리학에 조예가 깊었다. 이이·정철 등 이른바 '선배 사류'와 어울렸으며, 이산해 등과 함께 8대 문장가 중 한 사람으로 꼽히기도 했다. 그야말로 박학다식한 인물이었으며, 서인의 모사가로 통했다.

송익필의 아버지 송사련(宋祀連)은 천첩의 후손이었지만 좌의정을 지낸 안당의 아들 안처겸(安處謙)을 역모로 고변하고 그 대가로 정3품 당상관에 올랐다. 뿐만 아니라 문초를 받고 사사된 안 씨 집안의 토지와 노비까지 모두 차지했다. 덕분에 송익필은 유복한 환경에서 자랄 수 있었다. 맏형이 송인필(宋 仁弼), 둘째 형이 송부필(宋富弼) 그리고 동생이 송한필(宋翰弼) 이다.

그런데 안당의 후손이 송사를 벌여 송사련의 고변이 조작 된 것임을 밝혔다. 그리고 송사련의 어머니가 안돈후(安敦厚) 의 딸이 아니라 사노비인 전 남편의 소생이니 그 자손 70여 명을 모두 노비로 되돌려야 한다고 주장했다. 이때 영의정 이 산해와 좌의정 정철 등은 송익필·송한필의 학문과 문장을 아 껴 보호해주고자 했다. 반면 이발을 비롯한 동인은 법의 시한 이 지났음에도 안당 후손의 주장을 받아들여 송익필과 형제 들을 모두 다시 노비로 만들었다. 이는 송익필을 통해 서인에 게 타격을 주려는 의도였다.

이러한 수모를 겪은 송익필 형제는 동인에 앙심을 품고 정 권을 뒤집으려는 계책을 세웠고, 이들에게 정여립의 대동계 는 좋은 빌미였다. 송익필은 정여립과 평소 친하게 지내왔기 때문에 그에 대해서 잘 알고 있었다. 그런 정여립이 세력을 키 우자 반란의 기미를 읽은 송익필이 사람을 시켜 이를 고변하 게 한 것이다. 송익필은 동인을 공격하는 서인의 「상소문」을 대신 써주고 정철을 조정해 사건을 주도면밀하게 조작했다고 한다. 만약 이러한 기록이 사실이라면 동인 정권을 실각시킨 기축옥사는 송익필이 꾸미고 정철이 수행한 사건이라고 할 수 있다.

정여립의 모반으로 시작된 기축옥사

또 하나의 사화로 불리는 기축옥사는 정여립의 모반 사건
으로부터 시작되었다. 갑신년 이후로 동인의 공격을 받아 벼
슬에 오르지 못했던 서인이 쌓인 울분을 풀 기회를 잡은 것이
다. 당시 서인의 실세였던 정철이 우의정에 임명되어 이 사건
의 조사관이 되면서 역옥(逆獄)은 더욱 가혹하게 다스려졌다.
그는 역모와 직접 관련이 없어도 정여립과 친분 관계나 친인
척 관계에 있는 많은 동인의 유력 인사를 연루시켜 처벌했다.
이발·이길 형제나 백유양·정언신·최영경(崔永慶)·정개청(鄭
介淸)·김빙(金憑) 등이 그렇게 처벌되었다.

이들의 죄목은 억지에 가까웠다. 김빙은 정여립의 시체를
찢을 때 바람이 차서 눈물이 흘러나오는 것을 닦다가 정여립
의 죽음을 슬퍼한 것으로 오해받아 죽었다. 또 정개청은 『배
절의론(排節義論)』을 지었는데, 주자가 논한 것을 읽고 동한 시
대 절의의 폐를 밝힌 내용이었다. 그런데 이것이 군주에 대한
절의를 경시한 것으로 몰려서 죽었다. 정철은 "개청은 반역하
지 않은 여립이요, 여립은 반역한 개청이다"라는 말까지 서슴
없이 했다.

여기서 한 가지 특이한 사실은 이 사건에 연루된 사람이 공

통으로 선조의 실정에 대해 비판적인 인사들이라는 점이다. 이발은 사건 직전 낙향하면서 선조 아래서 아무런 일도 할 수 없다고 통탄한 적이 있었다. 또 여러 사람이 "임금이 시기심이 많고 모질며 고집이 세다. 임금은 조금도 임금의 도량이 없다. 시원치 않은 세상일을 말하자니 지루하고 또 가소롭다"고 말했다. 이런 점들을 볼 때 기축옥사의 피해자는 선조에 대한 '괘씸죄'에 걸려 희생된 사람들이라고 할 수 있다.

사실의 진위를 살펴보지도 않고 탄핵부터 했던 옥사는 한번 지목을 당하면 스스로 벗어날 수도 없었고, 감히 원통함을 밝힐 수도 없었다. 결국 서인은 정여립의 모역을 기화로 정계에서 동인을 몰아내고 정권을 장악하는 계기를 마련했다. 정철은 평소 사감이 있던 사람을 모두 역당으로 몰아 처단했다. 이 사건으로 죽은 자만도 1,000여 명이 넘었다고 한다.

종계변무

1390년(고려 공양왕 2)에 윤이(尹彝)와 이초(李初)가 명나라로 도주해 "이성계는 권신 이인임의 아들이다"라고 밀고한 일이 있었다. 자신들의 정적 이성계를 제거하는 것이 목적이었다. 이는 권력 투쟁 와중에 권모술수가 난무하고 비방과 무고를 일삼던 왕조 말기의 세태를 그대로 반영한 것이었다. 이성계가 이인임의 아들이라는 말은 그야말로 낭설이었다. 오히려 이인임과 이성계는 정치적으로 대립하던 사이였다.

그러나 명나라에서는 윤이·이초의 말을 믿고 명나라『태조실록(太祖實錄)』과 『대명회전(大明會典)』에 이성계를 이인임의 아들로 기록했다. 한 국가의 공식적인 기록으로 명문화되어 버린 것이다. 그런데 조선에서는 한동안 종계(宗系)가 잘못 기록된 사실을 전혀 알지 못했다. 그러다 1394년(태조 3)에 명나라 사신 황영기(黃永奇)가 가지고 온「문서」를 통해 이 사실을 알게 되었다. 온 조정이 긴장했다. 왕실의 체통과 국가의 체모를 생각하면 대단히 치욕적인 사건이었다. 더욱이 명나라에서 종계오기(宗系誤記)를 빌미로 조선을 복속하려는 의도를 보이자 긴박감이 고조되었다.

종계를 바로잡기 위한 200년의 숙원은 이렇게 시작되었다. 이 과정에서 조선은 명의 고압적인 태도에 눌려 수모를 겪으면서 미묘한 외교전에 말려 속을 태워야 했다. 종계오기는 명의 이해와는 아무런 상관이 없으면서도 조선에게는 크나큰 약점으로 작용했다. 조선이 명나라에 낮은 자세를 취할 수밖에 없었던 원인 중 하나였다.

종계를 바로잡기 위한 첫 시도는 1394년(태조 3) 6월 명나라에 보낸「변명주문(辨明奏文)」이었다. 그러나 명나라에서는 가부를 통보하지 않았다. 그런 상태로 10년이 지나고 1403년

(태종 3) 명나라 사신으로 갔던 조온(趙溫)이 실패의 소식을 가지고 돌아왔다. 1404년(태종 4) 11월에도 이빈(李彬)을 파견했지만 결과는 역시 실패였다. 이후 종계변무(宗系辨誣)를 위한 노력은 약 100년 동안 소강상태에 있었다.

그런데 1518년(중종 13)에 명나라 사신으로 다녀온 이계맹이 『대명회전』을 가지고 왔는데, 거기에는 "이인임과 그의 아들 성계는 모두 네 명의 고려왕을 죽이고 나라를 얻었다"는 내용이 담겨 있었다. 이를 본 중종은 즉시 남곤과 이자(李滋)를 보내 변무의 노력을 재개했다. 당시 명나라 무종은 의외로 호의적인 반응을 보였다. 그러나 무종 역시 개정 약속을 지키지 않았다.

이후 1539년(중종 34)에 조선에서는 다시 한 번 주청사를 파견했다. 그 결과 "『대명회전』을 속찬할 때 조선이 요청한 내용을 부기하겠다"는 명나라 세종의 약속을 얻어낼 수 있었다. 그러나 명나라는 1557년(명종 12)을 전후해 『대명회전』을 속찬하면서도 세종의 약속에 대해서는 함구했다. 이에 1563년(명종 18)에 김주(金澍)를 파견해 다시 한 번 주청했지만 역시 달라진 것은 없었다.

이런 상황에서 즉위한 선조에게는 종계변무가 반드시 달성해야 할 과업이었다. 이에 선조는 기회가 있을 때마다 변무를 위해 노력했다. 그러나 이때까지만 해도 『대명회전』이 반포되지 않아서 속찬의 내용을 정확하게 알 수 없었다. 더욱이 그동안의 태도로 봐서 명나라 세종의 약속이 지켜졌을지 확신하기도 어려웠다.

일각에서는 좀 더 적극적이고 확실한 방안을 모색해야 한다는 움직임이 일었다. 대표적인 인물은 이이였다. 그가 주장한 확실한 방안이란 적임자를 사신으로 파견해야 한다는 것이었다. 이에 이이를 사신으로 보내야 한다는 데 조정의 여론이 모였지만, 박순·이산해가 이를 만류했다. 이이는 조정에 없어서는 안 될 사람이라는 것이 반대 이유였다.

결국 이이의 사행은 실현되지 못했다. 그 대신 김계휘가 주청사로 선정되었다. 그는 고경명(高敬命)을 서장관으로 삼고 조선 제일의 문장가 최입(崔岦)을 질정관으로 삼았다. 그리고 1581년(선조 14)에 사행에 올랐다. 쟁쟁한 인사들을 대동한 사행이었지만 결과는 만족스럽지 못했다.

이후 1584년(선조 17) 황정욱을 주청사로 파견해 사태를 호전시켰다. 황정욱 일행은 명나라 황제가 『대명회전』을 보지 않았다는 이유로 정본을 가져오지는 못했다. 그러나 수정된 조선왕실 관계 기록의 「등본」을 가지고 귀국함으로써 변무를 확인할 수 있었다. 오랜 시간 끌어온 종계변무의 숙원이 사실상 달성된 것이다. 이에 선조는 이러한 사실을 종묘에 고했다.

1587년(선조 20)에 선조는 『대명회전』을 받아오기 위해 유홍(兪泓)을 파견했다. 일을 완전히 마무리하기 위해서였다. 그런데 명나라에서는 황제가 보지 않았다는 이유로 또다시 반질(頒秩)을 거부했다. 이런 상황에서 유홍은 머리를 땅에 쪼아 피를 흘리며 간청했다. 이에 감동한 명나라는 『대명회전』가운데 조선 관계 기록을 특별히 건네주었다. 선조는 종묘와 사직에 이 사실을 친히 고하는 한편 우의정 유전(柳㙉)을 명나라에 사은사로 파견해 모든 절차를 마무리했다. 그런 다음 이를 경축하는 의미로 대사령을 반포하고 중광문과를 설치했다. 2년 뒤인 1589년(선조 22), 성절사 윤근수가 『대명회전』의 전질을 받아옴으로써 꼬박 200년이 걸린 숙원을 풀게 되었다.

16세기 후반 동아시아의 정세

14세기 이후 약 200년 동안 안정을 유지하던 동아시아는 16세기 후반에 접어들면서 새로운 국면을 맞이했다. 조선의 인접 국가인 중국·여진·일본 모두 자체적인 변동과 혼란을 겪고 있는 가운데 대전란의 조짐이 보이기 시작했다.

14세기 동아시아의 정세는 일반적으로 대륙의 영향력이 한반도를 거쳐 일본에 미치는 양상이었다. 그러나 16세기는 도리어 일본의 영향력이 한반도를 거쳐 명나라에 미치는 흐름으로 반전되고 있었다. 임진왜란이 대표적인 사례였다. 여기에 만주에 자리 잡은 여진족이 급속하게 성장하면서 동아시아의 정세는 더욱 긴박하게 돌아가고 있었다.

15세기 명나라의 정치적인 상황은 황제가 절대적인 권력을 추구하면서 황제와 사적인 관계에 있는 유력한 인물 또는 집단이 황제권을 대행하는 경향이 있었다. 이 양상은 16세기까지 그대로 답습되어 왕의 측근 또는 환관이 권력의 주체로 부상하기에 이르렀다. 정덕제(正德帝)와 가정제(嘉靖帝)는 환관(宦官) 정치를 조장한 대표적인 황제였다. 이런 상황에서 환관은 중앙 권력을 잠식하는 암적인 존재로 인식되었다.

융경제(隆慶帝)와 그의 아들 만력제(萬曆帝)가 치세하던 초기 10년은 수석 대학사 장거정(張居正)이 정치 실권을 행사하던 시기였다. 따라서 한동안 환관 정치를 저지할 수 있었다. 그러나 장거정의 전권에 대한 반발로 생긴 동림당(東林黨)과 환관의 대립은 훗날 명나라가 멸망하는 근원이 되었다.

한편 16세기는 달단(韃靼: 타타르족)과 대립이 격화된 시기였다. 특히 가정제가 치세한 기간은 달단의 약탈이 기승을 부리던 시기였다. 1550년(문종 즉위년)에는 수도 북경이 수일간 포위된 일도 있었다. 이와 때를 같이해 동남 해안에서는 왜구가 극성을 부려 명나라는 이른바 '북로남왜(北虜南倭)'의 곤경에 처하게 되었다. 이에 명나라는 1546년 급기야 해금령을 단행해 왜구의 약탈에 대비했다. 그러나 이는 근본적인 제어력을 상실한 미봉책에 불과했다.

북로남왜에 따른 재정 궁핍은 장거정의 개혁 정치로 어느 정도 회복세를 보이기도 했다. 그러나 몽골에서 항복한 장수인 보바이(知拜)의 반란을 필두로 만력제의 재위 기간 중반 이후에는 각종 반란 사건이 속출했다. 이는 한마디로 총체적인 위기를 의미했다. 설상가상으로 임진왜란이 발생해 조선에 원병을 파견하는 상황에 이르자 명나라의 국력은 극도로 악화되었다.

1424년(세종 6)에 영락제(永樂帝)가 사망하자 만주에 대한 명의 지배력은 점차 약화되어 갔다. 명나라 세력의 약화는 곧바로 여진족의 성장으로 이어졌다. 이에 16세기 후반에는 훗날 여진족을 통합해 후금(後金: 청나라)을 건국하는 누르하치(努爾哈赤)가 만주의 실력자로 부상하게 되었다.

건주여진(建州女眞)의 족장인 누르하치가 본격적으로 활동한 것은 1583년(선조 16) 이후였다. 그는 명에 공손한 태도를 보이면서 주위의 여러 부족을 차례차례 합병하며 강력한 세력을 구축해나갔다. 임진왜란이 한창이던 1593년(선조 26)에는 해서여진(海西女眞)과 몽골의 연합군을 혼하(渾河: 훈허강) 일대에서 대파하여 제국 건설의 발판을 마련했다.

이때 조선의 선조가 의주로 피난해 있었는데, 누르하치는 사신을 보내 파병 의향을 보이는 등 여유를 과시하기도 했다.

명나라의 쇠퇴와 여진족의 흥기는 시대적인 대세처럼 보였다. 이후 만주를 절반 이상 차지한 누르하치는 1616년(광해 8) 후금을 건국한 다음 호시탐탐 중원을 노리게 되었다.

16세기의 일본은 '전국 시대'였다. 무로마치(室町) 막부의 권위가 실추되자 각지의 호족이 상호 치열한 투쟁을 계속했다. 그러다가 16세기 후반에 이르면서 오다 노부나가(織田信長)의 주도로 서서히 통일 정권을 이룩하려는 조짐이 일었다. 그 결과 낡은 권위는 청산되고 새로운 세력이 부상하게 되었다.

한편 이 시기를 전후해 일본은 유럽인과의 접촉을 통해 각종 서양 문물을 흡수하고 있었다. 특히 포르투갈을 통해 총이 유입되면서 무력이 증강하는 전술상의 커다란 변화가 생겼다. 오다 노부나가는 신식 무기를 효과적으로 이용해 통일에 더욱 박차를 가했다. 결국 일본 정치의 중심지인 교토(京都)를 수중에 넣으면서 유리한 고지를 선점하게 되었다.

오다 노부나가는 1560년(명종 15) 반대파를 물리치고 도쿠가와 이에야스(德川家康)를 포섭하는 데 성공했다. 이로써 통일에 한층 더 다가갈 수 있었다. 그러나 오다 노부나가는 1582년(선조 15) 암살을 당해 끝내 통일의 과업을 이룩하지 못했다.

오다 노부나가의 뒤를 이어 통일을 이룩해낸 인물이 바로 도요토미 히데요시(豊臣秀吉)였다. 그는 오다 노부나가의 후계

자라는 지위와 자신의 역량을 바탕으로 통일 사업을 적극적으로 추진했다. 이 과정에서 오사카(大阪)는 통일 사업의 새로운 거점으로 대두했다. 이후 그는 도쿠가와 이에야스와 평화협정을 맺고 1587년(선조 20) 규슈(九州) 정벌을 완료하면서 사실상 통일을 완수하기에 이르렀다.

바로 이때 도요토미 히데요시는 '조선 출병'의 계획을 세우기 시작했다. 그리고 1591년(선조 24)부터 출병 준비에 더욱 박차를 가하며 대전란을 예고했다.

임진왜란의 발발

1590년(선조 23) 3월, 선조는 통신사 황윤길(黃允吉)·부사 김성일·서장관 허성(許筬) 등으로 구성된 통신사 일행을 일본에 보냈다. 일본의 조선 침략 의도를 파악하려는 조치였다. 16세기 후반, 일본에서는 도요토미 히데요시라는 인물이 등장해 전국 시대의 혼란을 수습하고 일본 열도를 통일했다. 통일을 달성한 도요토미 히데요시는 국내의 역량을 모아 대륙 출병의 야욕을 불태우고 있었다.

이듬해 3월, 조선을 떠난 지 1년 만에 통신사 일행이 돌아왔다. 그런데 황윤길과 김성일이 조정에 보고한 내용은 사뭇 달랐다. 황윤길은 "필시 병화(兵禍)가 있을 것"이라고 했으나,

김성일은 "그러한 정상은 발견하지 못했다"며 황윤길의 말을 부정했다. 도요토미 히데요시가 어떻게 생겼는지 묻는 선조의 질문에 대해서두 황윤길은 "눈빛이 반짝반짝해 담과 지략이 있는 사람인 듯했습니다"라고 했지만, 김성일은 "그의 눈은 쥐와 같으니 족히 두려워할 위인이 못 됩니다"라고 말했다.

황윤길은 서인이고 김성일은 동인이었다. 그러나 당파가 다르다고 같은 곳에서 같은 것을 보고 온 소감이 이렇게 다를 수 있는 것일까? 그 이유가 『실록』에 다음과 같이 기록되어 있다.

이는 성일이, 일본에 갔을 때 윤길 등이 겁에 질려 체모를 잃은 것에 분개해 말마다 이렇게 서로 다르게 한 것이었다. 당시 조헌이 화의(和議)를 적극 공격하면서 왜적이 기필코 나올 것이라고 주장했기 때문에 대체로 윤길의 말을 주장하는 이들에 대해서 모두가 "서인들이 세력을 잃었기 때문에 인심을 요란시키는 것이다"라고 하면서 구별해 배척했으므로 조정에서 감히 말을 하지 못했다. 유성룡이 성일에게 말하기를 "그대가 황의 말과 고의로 다르게 말하는데, 만일 병화가 있게 되면 어떻게 하려고 그러시오?" 하니, 성일이 말하기를 "나도 어찌 왜적이 나오지 않을 것이라고 단정하겠습니까. 다만 온 나라가 놀라고 의혹될까 두려워

그것을 풀어주려 그런 것입니다"라고 했다.

결국 이런 분위기 속에서 조선은 일본의 조선 침략 가능성을 애써 외면하고 말았다. 결과는 참혹했다. 1592년(선조 25) 4월 14일, 도요토미 히데요시는 조선 침략을 감행했다. 미처 대비하지 못한 조선은 전쟁이 시작된 지 보름 만에 왕이 도성을 버리고 피난을 가는 초유의 사태를 맞이했다. 그사이 조선의 국토와 백성은 처참히 짓밟혔다.

그렇다면 조선이 일본의 침략에 제대로 대비하지 못한 이유는 무엇일까? 문치주의와 농본주의를 표방한 조선은 근본적으로 부국강병이 힘든 나라였다. 그래서 나라를 지키는 방법으로 국방보다는 외교에 힘을 실었다. 조선 외교 정책의 기본 틀은 사대교린(事大交隣)이었다. 사대교린이란 큰 나라(중국)는 섬겨 평화 관계를 유지하고, 이웃 나라(왜국과 여진)는 잘 사귀어 공존한다는 것을 의미했다. 그런데 사대는 비교적 잘 했으나 교린에는 번번이 실패했다. 그래서 변방과 해안 지방에서는 주변국과 크고 작은 분란이 끊이지 않았다.

조선의 외교 정책을 이끌어가는 문무 관리는 문화적으로 열등한 왜국과 여진을 오랑캐라고 무시하는 경향이 있었다. 그래서 16세기 말 세력을 확장한 여진이 명나라를 위협하고,

통일을 달성한 일본이 무례하게 '정명가도(征明假道)'를 요구하며 전쟁의 기미를 내비치는 동안에도 이를 외면했다. 정명가도란 입공(入貢: 조공을 바침)을 거절한 명나라를 정벌하기 위해 조선에 길을 내달라고 요구한 말이었다. 일각에서는 "조선이 나서서 명나라에 알선해 일본의 공로(貢路)를 열어주면 무사할 것이다"라고 조언했지만, 조선의 조정은 이를 무시했다. 그러나 무시한다고 전쟁의 위험이 사라지는 것은 아니었다.

나고야(名古屋)에 20만 대군을 집결시킨 도요토미 히데요시는 1592년(선조 25) 4월 14일 오전에 출정을 명령했다. 고니시 유키나가(小西行長)가 거느린 선봉대가 이날 오후 부산에 도착했다. 불시에 침입을 받은 부산진첨사 정발(鄭撥)은 목숨을 걸고 항전했지만 왜군의 공격을 막지 못하고 전사했다. 임진왜란 최초의 패전이었다. 부산을 함락한 왜군의 다음 공격 목표는 동래부(東萊府)였다. 동래부사 송상현(宋象賢) 역시 관민과 합세해 왜군에 맞서 고군분투했다. 치열한 전투였지만, 송상현도 왜군을 방어하지 못하고 장렬하게 전사하고 말았다. 이후 왜군은 별다른 저항을 받지 않고 파죽지세로 북상했다.

왜군의 침략을 보고받은 조정은 경악했다. 그리고 곧바로 대책 마련에 애썼다. 좌의정 유성룡을 총사령관인 도체찰사에 임명하고, 신립(申砬)을 도순변사에 임명했다. 이 밖에 이일(李鎰)·성응길(成應吉)·조경(趙儆)·유극량(劉克良)·변기(邊璣)

· 변응성(邊應星) 등을 야전 지휘관에 임명했다. 그러나 이것은 근본적인 대책이 아니라 임시방편에 불과했다.

조선은 200년 동안 큰 전쟁 없이 평화로운 시절을 보냈다. 그러다보니 백성은 군인이 되어 싸우는 법을 알지 못했고, 장수는 거의 홀몸으로 전장으로 향해야 할 형편이었다. 한심하기는 관리도 마찬가지였다. 수많은 수령이 목숨을 부지하기 위해 근무지를 이탈했다. 이런 상황에서 군병이 모여들 리 없었다. 가까스로 소집한 병사들도 오합지졸에 불과했다.

순변사 이일의 상주 전투 패전에 이어 도순변사 신입이 탄금대에서 패전하면서 왜군의 북상 저지는 실패했다. 신입은 비장한 심정으로 배수의 진을 치고 일대 격전을 벌였지만 끝내 달래강에서 전사하고 말았다. 선조와 조정 신료는 신입이 왜군의 북상을 저지할 것이라고 확신하고 있었다. 그러나 큰 실망만 안겨주었다.

4월 29일 신입의 패보를 접한 선조는 피난을 결심했다. 이산해, 김귀영(金貴榮) 등은 '도성 사수론'을 펼치며 선조의 피난에 반대했고, 선조도 쉽게 도성을 떠나지는 못하고 있었다. 그러나 전세가 급박해지자 떠나려는 선조를 말릴 수 없었다. 대간이 반대하고 종실이 애원했지만 소용없었다. 유생들도 반대의 목소리를 높이며 들고 일어났지만, 선조는 다음 날 바로 피난을 강행했다. 유도대장 이양원(李陽元)과 도원수 김명원(金命元)을 남겨두고 세자와 조신들을 거느리고 피난길에 올랐다. 임해군과 순화군(順和君)은 근왕병 모집을 위해 함경도와 강원도에 파견했다.

임금이 도성을 버리자 백성의 원망과 분노가 들끓었다. 성난 군중은 경복궁·창경궁·창덕궁 등 궁궐로 몰려가 불을 지르고, 형조와 장례원에 보관 중이던 「노비 문서」를 소각하기도 했다.

광해군의 세자 책봉과 분조 활동

신입의 패전과 선조의 피난으로 나라는 극도의 불안 상태에 빠지게 되었다. 이에 비상 타개책으로 제시된 것이 광해군의 세자 책봉과 분조 활동이었다. 당시 서울은 민심이 극도로 흉흉한 가운데 "나라가 반드시 망할 것이다"라는 말이 난무했다. 이에 우승지 신집(申楫)이 민심을 진정시키는 방도로 세자 책봉을 건의하기에 이르렀다. 평소 서장자인 임해군을 신뢰하지 않았던 선조는 영의정 이산해·좌의정 유성룡 등의 대신을 소집해 서차자인 광해군을 세자에 책봉했다. 신입의 패전 소식이 전해진 바로 그날이었다.

선조가 서울을 떠나자 통치권은 사실상 마비되었다. 왕궁은 불타고 관리와 선비들은 죄다 도망갔다. 심지어 도성 사수를 주장한 인사 중에도 서울을 지키다 전사한 사람은 단 한 명도 없었다. 선조는 한양·개성에 이어 평양이 함락되고 함경도까지 왜군이 침략하자, 요동으로 망명할 채비를 했다. 그리고 의주로 향하기 직전 평안도 박천에서 세자 광해군이 종묘와 사직을 받들고 본국에 머물게 했다. 이때 조정을 양분해 선조가 있는 곳을 원조정(元朝廷), 세자가 있는 곳을 소조정(小朝廷), 즉 분조라 했다.

광해군의 분조는 공식적으로 1592년(선조 25) 6월부터 이듬해 10월까지 약 16개월 동안 활동했다. 분조에 배속된 관리는 영의정 최흥원(崔興源)을 비롯해 이덕형·한준·정창연(鄭昌衍)·김우옹·심충겸·황신(黃愼)·유몽인(柳夢寅)·이정구(李廷龜) 등 학식과 외교에 뛰어난 인물이 많았다.

광해군의 본질적인 임무는 분조를 통솔해 국사를 임시로 섭정하는 한편 왜군에게 함락된 지역을 수복하고 국가를 부흥하기 위해 군국기무를 수행하는 일이었다. 이외에 종묘·사직을 주관하는 것도 빼놓을 수 없는 임무 중 하나였다. 따라서 광해군에게는 관리에 대한 인사권과 포폄권(褒貶權: 관료의 근무 성적을 평가한 뒤 결과에 따라 포상이나 징계를 행하는 권리)이 주어졌다.

그러나 무엇보다 급선무는 민심을 수습하고 군민을 격려하는 일이었다. 이에 광해군은 평안도·황해도·강원도 등지를 돌며 민관군을 위로하는 한편 의병 활동을 독려했다. 이런 와중에 그는 분조에 소속된 관리들의 보필을 받아 학문과 경륜을 쌓을 수 있었다. 명나라 장수 이여송(李如松)은 "조선의 부흥은 세자에게 달려 있다"고 말할 정도로 광해군을 높이 평가했다.

1593년(선조 26) 1월 조명 연합군의 평양성 탈환도 광해군과 이여송의 신뢰에 기반을 둔 것이었다. 그리고 같은 해 4월, 광해군은 위험을 무릅쓰고 호남 지방으로 내려가 민심을 수습하고 군민을 격려했다. 이러한 사실에서도 국난 타개를 위한 광해군의 노력을 짐작할 수 있다. 이처럼 광해군은 한동안 선조를 대신해 전시 상황을 주도했다. 평양성의 탈환은 뚜렷한 업적 가운데 하나였다. 광해군은 그해 분조가 해체된 뒤에도 무군사(撫軍司)로 활동하며 국난 극복의 선봉에 섰다.

의병의 봉기

1592년(선조 25) 서울을 함락시킨 왜군은 북상을 계속해 6월에는 평양성을 함락시켰다. 이 과정에서 관군은 연전연패를 거듭했다. 이제 전국을 대부분 장악한 왜군은 각처에서 분탕질을 자행했다.

바로 이때 8도에서 의병이 봉기하기 시작했다. 관군의 무능은 의병 봉기의 기폭제가 되었다. 여기에 일본에 대한 전통적인 우월감, 향토 의식, 유교적인 근왕(勤王) 정신이 발동해 의병 활동으로 분출되었다. 의병은 양반에서 천인에 이르기까지 다양한 계층으로 구성되었다. 그러나 의병장은 양반 유생과 전직 관료가 압도적으로 많았다. 의병의 총수는 2만 2,600여 명으로 추산되는데, 이 수치는 관군의 25퍼센트에 해당된다.

대표적인 의병장으로는 곽재우(郭再祐)·고경명·조헌·김천일(金千鎰)·김면(金沔)·정인홍(鄭仁弘)·정문부(鄭文孚)·이정암(李廷馣)·우성전·권응수(權應銖)·정세아(鄭世雅)·정대임(鄭大任)·변사정(邊士貞)·양산숙(梁山璹)·최경회(崔慶會)·김덕령(金德齡)·유팽로(柳彭老)·유종개(柳宗介)·이대기(李大期)·홍계남(洪季男)·손인갑(孫仁甲)·조종도(趙宗道)·곽준·임계영(任啓英)·고종후(高從厚)·박춘무(朴春茂)·김해(金垓)·최문병(崔文炳) 등이 있다.

의병 활동이 가장 활발하게 전개된 곳은 경상우도였다. 이곳은 바로 의(義)를 중시한 조식의 학문적인 본거지며 남명학파의 발상지였다. 홍의장군으로 유명한 곽재우를 비롯해 정인홍·조종도·곽준 등은 모두 이 지역 출신의 의병장이었다. 특히 곽재우는 왜군의 호남 진출을 차단하는 데 혁혁한 공을 세웠다. 조식의 수제자인 정인홍은 의병 활동을 기반으로 하여 정치적인 거물로 성장하기도 했다. 권응수·정세아·정대임은 영천성을 수복하는 데 이바지했고, 김해는 안동과 예안을 중심으로 경상도 북부 지역의 의병을 주도했다.

고경명, 김천일은 호남을 대표하는 의병장이었다. 고경명과 고종후는 부자가 모두 순국하는 절의를 보였다. 충청도 의병의 대표적인 인물은 조헌이었다. 그는 일찍이 죽음을 각오하고 통신사 파견을 반대하는 「상소」를 올린 정통 유학자였다. 옥천에서 거병한 조헌은 청주성을 탈환한 다음 금산에 주둔한 적을 공격하다 700명의 의사와 함께 장렬하게 전사했다.

의병의 전술은 기본적으로 적의 후방을 교란시키는 게릴라 전술이었다. 지리에 익숙한 이들은 이 전술로 상당한 성과를 올릴 수 있었다. 애초 조정에서는 의병을 사병으로 간주해 의구심을 갖기도 했지만, 점차 관직과 특전을 부여해 사기를 고양시켰다. 물론 의병은 대부분 오합지졸이었고, 향토 방어의 한계를 넘어서지 못한 면이 있었다. 심지어 사이비 의병이 등장해 의병의 이미지를 변질시키는 경우도 있었다. 그러나 의병은 전란의 와중에 근왕 정신과 애국심을 고취하는 한편, 호남의 곡창 지대를 방어하는 데 중요한 역할을 담당했다는 점에서 높이 평가되어야 한다.

한편 승병도 의병 활동에서 결코 무시할 수 없는 존재였다. 승병은 주로 휴정의 문도들이 주축이 되어 활동했다. 승려라고 해서 국난을 외면할 수는 없었던 것이다. 영규(靈圭)·처영(處英)·유정·의엄(義嚴) 등은 대표적인 승병장으로, 왜군 격퇴에 지대한 영향을 미쳤다.

조명 연합군의 반격과 화의론의 대두

육지에서는 의병이 봉기하고 남해안에서는 이순신이 제해권(制海權)을 장악하자 전세는 서서히 역전되었다. 여기에 명나라의 원병이 참전하자 반전의 기미는 더욱 짙어졌다.

조승훈(祖承訓)의 제1차 원군은 평양 전투에서 패전했다. 그러나 명나라의 개입 자체만으로도 왜군에게는 큰 위협이었다. 이런 상황에서 1592년(선조 25) 12월 명나라 장수 이여송이 이끄는 제2차 원군이 압록강을 건너왔다. 4만 3,000여 명에 이르는 대군이었다.

전열을 정비한 이여송은 1593년(선조 26) 1월 28일 순변사 이일, 휴정이 지휘하는 승병과 합세해 평양성을 공격했다. 연합군의 맹공을 견디지 못한 왜군은 성안에 불을 지르고 도주했다. 연합군은 혈전의 결과로 평양성을 탈환했으며, 이는 반전의 결정적인 계기가 되었다.

그러나 이여송은 왜군을 무시한 채 추격에 박차를 가하다가 서울 근처의 벽제관에서 왜군에게 기습을 당하고 말았다.

이에 기세가 꺾인 이여송은 더 이상 전진하지 못하고 개성으로 회군했다. 그리고 조선 측에서 누차 공격할 것을 종용했음에도 이에 응하지 않은 채 평양으로 돌아갔다.

왜군은 평양에서 패해 극도로 사기가 저하되었지만, 벽제관 전투의 승리로 다소나마 기세를 회복했다. 바로 이때 전라 감사 권율(權慄)이 서울을 수복하기 위해 군사를 이끌고 행주산성에 주둔하고 있었다. 이 소식을 전해 들은 왜군은 행주산성을 포위하고 맹공을 펼쳤다. 그러나 행주산성에 응집한 민·관·군은 권율을 중심으로 결집해 총력전을 펼치며 결사 항전했다. 그리고 마침내 대승을 거두었다. 이것이 유명한 행주대첩이다.

이 무렵을 전후해 화의론, 즉 강화 협상이 본격적으로 거론되기 시작했다. 애초 화의론은 왜장 고니시 유키나가에 의해 두 차례 제기된 바 있었고, 명나라의 제1차 원군을 계기로 다시 한 번 거론되었다. 마침 조승훈이 패전하자 명나라에서도 화의에 긍정적으로 임했다. 이에 명나라 대표 심유경이 평양에 와서 고니시 유키나가와 강화 조건을 논의하기까지 했다. 이런 가운데 명나라에서 제2차 원병을 보내자 외형적으로는 화의가 결렬되었다.

그러나 그동안에도 심유경을 통해 협상은 은밀하게 진행되고 있었다. 왜군의 입장에서도 의병의 봉기와 명군의 개입으로 전세가 점차 악화되면서 화의가 불가피한 실정이었다. 이에 심유경은 화의를 성립시키기 위해 도요토미 히데요시의 본영에까지 들어가는 노력을 보였다. 화의 협상은 2, 3년 동안 계속되었다. 그사이 왜군은 서생포와 웅천 사이에 성을 쌓고 화의 결과를 기다렸다. 이는 곧 휴전을 의미했다.

이런 가운데 도요토미 히데요시는 명나라에 다음과 같은 조건을 요구했다.

첫째, 명나라 황녀를 일본의 후비로 삼을 것.
둘째, 무역증인(貿易證印)을 복구할 것.
셋째, 조선 8도 가운데 4도를 할양할 것.
넷째, 조선 왕과 대신 12명을 인질로 삼을 것.

이것은 도저히 수락할 수 없는 요구 조건이었다. 이에 심유경도 도요토미 히데요시를 왕에 책봉하고 조공을 허락한다는 내용의 이른바 「봉공안(封貢案)」을 허위로 작성해 명나라 조정의 허락을 얻었다. 그리고 이 내용대로 명나라에서는 1596년 (선조 29) 사신을 파견해 도요토미 히데요시를 일본 국왕에 봉하는 「책서」와 금인을 전달했다. 그러자 도요토미 히데요시는 분노하며 사신을 돌려보내고 조선에 대한 재침을 준비했다. 결국 허위 보고라는 비상 수단까지 동원하며 화의의 성립을 위해 노력했던 심유경은 국가 기만죄로 처단되었다.

정유재란

화의가 결렬되자 조선은 다시 한 번 전란의 풍파를 겪게 되었다. 1597년(선조 30) 1월, 도요토미 히데요시는 14만 대군에게 출정을 명령했다. 정유재란이 발발한 것이다. 이때 조선에서는 수군을 이끌던 이순신이 무고로 파직되고 원균(元均)이 후임으로 부임한 상황이었다. 왜군은 동래·울산 등지를 점거해 교두보를 확보한 후 남해안 일대를 왕래하며 전세를 관망하고 있었다.

명나라에서는 형개(邢玠)·양호(楊鎬)·마귀(麻貴)를 중심으로 원병을 파견해 일본의 재침에 적극적으로 대응했다. 조선 측에서도 도원수 권율을 중심으로 임전태세를 강화했다. 8도에 관리를 파견해 모병을 독려하는 한편, 경주·조령·의령·남원 등 각 요충지에 장수를 파견해 수비를 한층 강화했다.

이런 상황에서 그해 4월 통제사 원균이 이끄는 수군이 거제 전투에서 참패하자 이순신이 마련했던 수군의 기반은 완전히 붕괴했다. 거제에서 승리한 왜군은 이를 계기로 공격의 포문을 열었다. 육군은 호남과 호서를 석권하고 수군은 호남 해안을 점령하는 전략을 세운 왜군은 7월부터 본격적으로 움직이기 시작했다. 이들은 사천 · 하동 · 구례를 거쳐 남원으로 향했다. 조명 연합군의 총력전에도 불구하고 8월 중순경 남원성이 함락되었고, 곧바로 전주성이 함락되었다. 한마디로 파죽지세였다. 임진왜란 초기와 유사한 양상이 재연된 것이다.

이에 선조의 피난설이 다시 거론되는 가운데 서울의 민심은 극도로 흉흉해졌다. 그러나 전열을 정비한 조명 연합군이 북상의 저지에 만전을 기함으로써 전황은 호전되어갔다. 결정적인 계기를 마련한 것이 바로 그해 9월의 소사평 전투였다. 명나라 장수 양호가 직산 근방의 소사평에서 구로다의 군대를 대파함으로써 왜군의 북상을 차단했다.

변화는 해상에서도 일고 있었다. 이순신이 다시 통제사에 등용되자 전세는 일순간에 반전되었다. 9월 16일, 이순신은 명량대첩을 통해 왜군의 서진을 완전히 봉쇄한 것이다. 양호가 소사평에서 대승을 거둔 지 열흘 만의 일이었다.

소사평과 명량에서 일대 타격을 받은 왜군의 기세는 주춤할 수밖에 없었다. 더욱이 겨울이 되자 상황은 더욱 악화되었다. 이에 왜군은 겨울을 나기 위해 남해안으로 모여들기 시작했다. 그런 뒤 울산과 순천 사이의 남해안에 성을 쌓고 주둔함으로써 전쟁은 한동안 소강 상태로 접어드는 듯했다. 그러나 이 순간에도 명나라의 원군은 계속 조선에 도착하고 있었다.

또한 조선은 조선대로 수륙 양면으로 전력을 강화하고 있었다. 이 과정에서 명나라 수군 제독 진린(陳璘)과 이순신 사이에 알력이 발생하기도 했다. 그러나 이순신은 용의주도하게 대응해 연합 수군의 총지휘권을 이양받았다.

1598년(선조 31) 7월, 양호의 자리를 만세덕(萬世德)이 대신하면서 조명 연합군의 총공격이 시작되었다. 10개월의 공백을 깨뜨린 일대 공세였다. 그러나 생각과 달리 전과는 미미했다. 이런 상황에서 결정적으로 전쟁의 흐름을 바꾸어놓는 변수가 발생했다. 도요토미 히데요시가 사망한 것이다.

도요토미 히데요시는 회군할 것을 유언으로 남겼고 왜군은 비밀리에 철수를 진행했다. 조명 연합군은 이러한 상황을 한동안 눈치채지 못했다. 그러다 왜군의 철수가 시작되자 퇴로를 차단하기 위해 전력을 다했다. 특히 해상에서 퇴로가 막히자 왜장 고니시 유키나가는 시마즈 요시히로(島津義弘)에게 구원을 요청했다. 이것이 고니시 유키나가가 취할 수 있는 마지막 방안이었다.

그해 11월 18일 밤, 시마즈 요시히로는 군함 500여 척을 이끌고 노량을 기습했다. 노량해전은 그렇게 시작되었다. 통제사 이순신은 결사 항전의 비장한 각오로 전투에 임했다. 한 치도 물러설 수 없는 격렬한 싸움이었다. 이순신은 장병들과 함께 분전해 수많은 적의 군함을 격침했다. 그러나 도망가는 적을 추격하다 유탄에 맞아 전사하고 말았다. 이 전투는 일본군의 완전한 패전이었다. 시마즈 요시히로는 겨우 50여 척의 군함을 이끌고 도망쳤다. 왜란은 이렇게 끝이 났다.

전쟁이 끝난 후 남은 것은 고통과 상처뿐이었다. 수많은 백성이 목숨을 잃었고, 농경지는 대부분 황폐되었다. 그리고 귀중한 문화재가 파손되거나 약탈낭했다. 임신왜란으로 야기된 총체적인 난국을 어떻게 해결할 것인가가 조선 후기 역사의 당면 과제가 되었다.

일본과 명나라도 온전하지 못했다. 도요토미 히데요시의 무리한 전쟁은 도쿠가와 이에야스 정권이 들어서는 계기가 되었고, 명나라는 국력을 과도하게 소비해 얼마 지나지 않아 멸망하고 말았다. 그러나 명나라의 파병은 훗날 조선 유학자들에게 이른바 '재조(再造)의 은혜'로 인식되어 숭명 사상을 고취하는 바탕이 되었다.

남북 분당

일찍이 이산해가 당대의 기인 남사고(南師古)를 길에서 만나 대화를 나눈 적이 있었다. 이때 서쪽의 안현(鞍峴)과 동쪽의 낙봉(駱峰)을 가리키며 다음과 같이 말했다.

훗날 조정에 반드시 동서의 당이 있을 것인데 낙(駱)이란 각마(各

馬)니 끝에 가서는 각각 흩어질 것이요, 안(鞍)이란 변혁[革]한 뒤
에 편안[安]할 것이다. 또 안현은 성 밖에 있으므로 당이 때를 놓
침이 많을 것이나, 반드시 시사(時事)의 변혁을 말미암은 뒤에 흥
할 것이지만 끝내 반드시 질 것이다.

『연려실기술』 18권, 선조조 고사본말

이는 동인과 서인의 분열 그리고 뒤이은 동인 내부의 대립
을 놀라울 만큼 정확하게 예언한 것이라 할 수 있다. 심의겸과
김효원이 대립하고 있을 당시에는 동·서 양당만이 있었다. 이
이가 죽은 뒤부터 서인은 동인에게 밀렸지만 정여립의 모반
사건을 기화로 동인 세력을 물리칠 수 있었다.

이후 정국은 동인인 이산해·유성룡 등이 선조의 신임을
받기는 했지만 주로 서인의 주도하에 운영되었다. 당시 선조
의 정비인 의인왕후 박 씨에게서는 자식이 없었다. 그러자 대
신들은 세자 책봉 문제를 거론하기 시작했다. 사실 당시 선조
는 한창 인빈(仁嬪) 김 씨에게 빠져 있었고, 그녀가 낳은 신성
군에게 마음을 두고 있었다.

그러던 어느 날 유성룡이 정철을 찾아가서 "국본이 아직
정하지 못하고 있는 이때 세자 책봉 문제에 힘쓰지 않으면 안
되겠다"고 말했다. 정철은 이에 동의했다. 그는 영의정 이산
해와 궐에 들어가 이 문제를 의논하기로 약속했다. 그러나 이

산해는 두 번씩이나 약속을 어기고 나오지 않았다. 그는 이미 다른 마음을 품고 있었다.

이산해는 선조가 신성군을 사랑하고 있음을 알아챘다. 그는 인빈 김 씨의 오빠인 김공량(金公諒)에게 "정철이 장차 세자 세우기를 청하고 이어서 신성군 모자를 없애버리려고 한다"고 거짓으로 알렸다. 이에 김공량이 즉시 인빈 김 씨에게 달려가 이 말을 고했다. 인빈 김 씨는 선조에게 "정철이 먼저 세자 세우기를 청한 뒤에 우리 모자를 죽이려고 한다"고 울면서 하소연했다.

이러한 사정을 전혀 모르고 있던 정철은 뒷날 경연에서 "세자를 세워야 한다"는 말을 꺼냈다. 그렇지 않아도 정철을 의심하고 있던 선조는 크게 노하며 "내가 지금 살아 있는데, 네가 세자 세우기를 청하니 어쩌자는 것이냐"고 했다. 이때 이산해·유성룡은 벙어리처럼 한마디도 하지 않았다. 이 일로 정철은 선조에게 미움을 사게 되었다. 선조의 의중을 간파한 동인은 정철이 정권을 마음대로 휘두르고 있으며, 여립 사건 때 최영경 등을 억울하게 죽였다며 맹렬하게 공격했다. 정철이 파직된 후 북인 이산해가 영의정에, 남인 유성룡이 좌의정에, 남인과 가까운 이양원이 우의정에 올랐다. 이로써 서인의 기세는 다시 한풀 꺾이게 되었다.

이후 서인은 간간이 정계에 진출했지만, 인조반정이 있기

전까지 거의 소외되다시피 했다. 반면 동인의 세력은 더욱 성하게 되었으나 다시 분열해 남인과 북인으로 나뉘었다. 이후 다시 북인이 대북과 소북으로, 대북과 소북은 다시 중북·탁북·청북·골북·육북으로 각각 갈려졌다.

정여립 사건과 세자 책봉 문제는 동인이 남인과 북인으로 갈리는 계기가 되었지만, 이전부터 이미 분당의 조짐은 있었다. 유성룡과 이발 사이에 틈이 생긴 것이다. 유성룡 일파에는 김성일·이성중(李誠中)·이덕형 등 퇴계 문인이 많았고, 이발의 일파에는 정여립·최영경·정인홍 등 화담·남명 문인이 많았다. 정여립이 이발을 통해 전랑이 되고자 할 때 이경중은 정여립이 반역하기 이전부터 사람됨이 나쁘다는 것을 알고 벼슬길을 막으려 했다. 이에 정인홍이 이경중을 탄핵한 일이 있었다. 그러나 5, 6년 후에 기축옥사가 일어나자 유성룡이 경연 석장에서 "이경중이 선견지명이 있었는데도 그때의 대간들에게 반박당하고 체직되었다"고 말했다.

이 한마디 때문에 당시 대간이었던 정인홍은 관직을 내놓아야 했다. 이때부터 정인홍과 유성룡은 원수지간이 되었고, 이것이 남북 분열의 빌미가 되었다.

그러다 결정적으로 정여립 옥사를 지나치게 다루어 동인 세력에 일격을 가한, 서인 정철의 죄를 논의하는 과정에서 동인은 남인과 북인으로 갈렸다. 1591년(선조 24) 대간들이 정철 등의 죄를 탄핵할 때 이산해가 앞장섰다. 홍문관에서 정철을 탄핵하는 차자를 올리려고 할 때 부제학 김수(金睟)가 우성전의 집으로 가서 이 일을 의논한 바 있었다. 이때 우성전은 "그렇게까지 파급시킬 수 없다"고 하면서 김수를 적극 만류했다. 결국 정철의 죄상과 더불어 서인을 모두 엄하게 다스려야 한다는 강경파 이산해·정인홍 등은 북인으로, 반대로 온건한 견해를 밝힌 우성전·유성룡 등은 남인으로 불렸다.

한편 우성전은 부친이 함종 현령으로 있을 때 이곳으로 왕래하다가 평양 기생에게 정을 둔 적이 있었다. 그런데 그의 부친이 병으로 벼슬을 그만두자 감사가 그 기생을 우성전의 집으로 실어 보냈다고 한다. 얼마 후 우성전이 부친상을 당해 우성전의 집으로 각계 명사들이 다 모이게 되었다.

그때 그 기생이 며느리 노릇을 하느라 머리를 풀고 출입하는 것이 여러 사람 눈에 거슬렸다. 이를 보고 이발이 "제 아버지가 장차 죽게 되어 벼슬을 버리고 돌아오는데 저는 무슨 마음으로 기생을 싣고 왔느냐?"고 심하게 공격했다. 이때부터 이산해와 우성전의 사이가 틀어졌는데, 당시 이발은 북악산 아래에 살고, 우성전은 남산 아래에 살았기 때문에 각각의 무리를 북인과 남인이라 한 것이다.

동인이 각기 남과 북으로 갈린 원인은 단지 사사로운 감정 대립 때문만은 아니었다. 동인의 구성원은 매우 다양했다. 서인이 이이와 성혼의 문인을 중심으로 결집된 반면, 동인은 서인에서 제외된 다수의 신진 세력으로 구성되었다. 이 중에서도 특히 퇴계 이황과 남명 조식, 그리고 화담 서경덕(徐敬德)의 학통을 계승한 사람이 많았다. 그러나 이황과 조식의 사상적 차이는 제자들 단계에 이르러 표면화되었고, 급기야 중앙 정계에서 남인과 북인이라는 두 세력으로 갈리게 되었다. 당시 중앙 정계에서 남인으로 지목된 인물은 주로 퇴계 문인이거나 이에 동조하는 사람들이었다. 유성룡 · 김성일 · 우성전 · 이경중 · 허성 · 김수 · 이광정 · 정경세(鄭經世) · 김우옹 · 이원익 · 이덕형 · 윤승훈(尹承勳) 등이 대표적인 인물이었다.

이들은 다른 당의 존재를 긍정적으로 받아들이고 서로 간의 시비 분별을 엄격히 하기보다는 정국 안정을 위해 서로 협조하는 것을 더 중시하는 입장이었다. 그리고 전란 중 유성룡을 중심으로 하는 남인 집권기에는 표면상으로나마 서인과 북인 세력 사이의 공조 체제를 유지했다. 그러나 이러한 남인 세력의 정치 인식은 임진왜란 이후 일본에 대한 적대감이 고조되어 엄정한 시비의 분별이 중시됐던 분위기에서는 적절하지 못한 것이었다.

왜군을 완전히 몰아낸 뒤, 많은 의병장을 배출한 북인은 절의를 중시하고 강력한 척화를 표방하면서 정국을 장악했다. 1598년(선조 31) 정유재란 뒤에 명나라의 정응태(丁應泰)가 조선이 명나라를 배반했다고 무고한 일이 있었다. 선조는 유성룡을 변무사로 명나라에 보내 오해를 풀고자 했다. 그런데 이때 유성룡은 노모가 있기 때문에 멀리 갈 수 없다고 했다. 이에 남이공·정인홍·이이첨(李爾瞻) 등 북인은 유성룡에게 대신으로서 왕의 뜻을 거스르는 것은 잘못이라고 공박했다. 성균관 생원 이호신(李好信) 등은 유성룡이 변무사를 꺼렸을 뿐만 아니라 왜란 때 일본과 화의를 주장해 나라를 그르쳤다며 비난하고 나섰다. 이러한 북인의 견해는 유성룡 한 사람에게 그치는 것이 아니라 남인 전체에 대한 비판으로 이어졌다.

그러나 북인은 그 전신인 동인이 그러했던 것처럼 잡다한 계열의 사람들이 섞여 있어서 결속력이 미약했다. 서인이나 남인에 비해 학연상의 순수성도 그다지 강하지 못했다.

대북과 소북의 대립

왜란 말기에 신진 세력의 지지를 받은 북인 김신국(金藎國)·남이공 등은 집권과 동시에 북인 내부의 기성 세력인 이산해·홍여순(洪汝諄) 등의 정국 운영에 불만을 드러냈다. 1599년(선조 32) 3월 이조판서 이기가 홍여순을 대사헌으로 천거하려 하자 이조정랑 남이공이 청론을 앞세우며, "여순은 탐욕이 많고 방종한 사람이라 대사헌직에 합당하지 않다"고 말했다.

이때부터 홍여순과 남이공이 대립해 각기 대북과 소북으로 분립하게 되었다. 그러나 대북이 정국을 주도하면서 홍여순의 세력 확대와 이에 대한 이산해의 견제로 다시 갈등이 나타났다. 그리하여 1600년(선조 33) 4월경에는 이산해를 지지하는 육북과 홍여순을 지지하는 골북으로 분열되었다.

1602년(선조 35) 각 당파의 대립이 심각해지는 상황에서 선조는 정치 경륜도 뛰어나고 정국의 소용돌이에도 휩쓸리지 않았던 소북 유영경(柳永慶)을 등용했다. 한편 1606년(선조 39)에 젊은 계비 인목왕후가 적자인 영창대군을 낳자 대·소북 분열은 광해군 측과 영창대군 측의 대립으로 첨예화되었다. 선조는 시간이 갈수록 영창대군을 점점 더 총애했다. 유영경은 선조가 광해군에게 불만이 있다는 사실을 그의 손자이자 선조의 사위인 유정량(柳廷亮)에게서 알아냈다. 이때부터 내밀히 영창대군을 지지하기 시작했다. 당시 광해군이 세자로 있기는 했으나 아직 명나라로부터 정식 승인을 받지 못했기 때문에 영창대군을 세자로 세울 가능성은 얼마든지 있었다.

1607년(선조 40) 겨울, 선조는 자신의 병세가 악화되자 「밀지」를 내려 대신들을 불렀다. 전·현직 대신들은 이미 대궐 안에 들어와 있었는데, 유영경은 왕이 현직 대신들만을 불렀다며 전직 대신들을 모두 내보내게 했다. 이때 왕이 세자에게 임금의 자리를 물려주려 한다고 「전교」를 내리자 유영경이 이를 반대했다. 사람들은 "영경이 세자를 옹호하지 않으려는 마음을 가지고 있다"고 의심하게 되었다.

이경전(李慶全)과 이이첨을 통해 중앙 정계의 동정을 파악하던 정인홍은 소를 올려 "유영경이 동궁을 동요시키고 좌의정·우의정 등이 이를 부추긴다"고 비판했다. 그러나 선조는 정인홍의 소가 "마치 실성한 사람 같이 이유 없이 임금의 마음을 동요케 하고 영경을 모함한다"고 하면서 정인홍·이경전·이이첨을 유배했다. 이때부터 선조는 정인홍 등이 옹호한 광해군이 문병을 오면 "너는 임시로 봉한 것이니 다시는 여기 오지 말라"는 등의 심한 말을 하면서 내쳤다. 이에 광해군은 정신을 잃고 땅에 엎드려 피를 토하기까지 했다. 그래도 선조는 아랑곳하지 않고 정인홍 일당마저 준엄히 다스리려고 했다.

그러던 차에 선조가 그만 갑작스럽게 죽고, 곧바로 세자 광해군이 즉위했다. 그러자 유영경을 비롯한 소북은 졸지에 궁지에 몰리게 되었다. 한편 유영경이 집권했던 7년 동안 소북 중에서도 유영경의 소북당을 탁소북이라 하고 실세한 남이공의 소북당은 청소북이라고 불렀다.

이처럼 다양한 성향의 구성원과 고착화되지 않은 당색을 띠었던 북인은 정국 운영 방안을 둘러싸고 잦은 분열과 대립을 보였다. 이러한 성향은 광해군 대에도 계속되어 초기에는 육북과 청북의 공조 체제가 나타났다가 중반 이후에는 대북의 독점 체제가 나타났다. 이후 인조반정으로 북인 세력이 몰락하면서부터 정국은 서인과 남인 세력의 공조 체제로 운영되었다.

사림 5현의 문묘종사

사림 5현은 김굉필 · 정여창(鄭汝昌) · 조광조 · 이언적 · 이황을 통칭하는 말이다. 저마다 사림의 절대적인 추앙을 받아 16세기 후반부터 사림파의 학문 연원이자 학통의 핵심이 되었다. 일반적으로 사림파의 학통은 동방이학의 조(祖)로 일컬어지는 정몽주에서 시작해 길재—김종직—김굉필—정여창—조광조로 이어진다. 이 학통은 중종조에 조광조가 주창한 이래 선조조에 이황이 재천명하면서 사림의 통념으로 자리했다. 퇴계와 남명의 영남학파와 율곡과 우계의 기호학파도 사림파의 학통과 밀접한 연관 선상에 있었다. 따라서 사림을 자처하는 경우 어느 누구도 이 계보와 무관하게 존재할 수 없었다.

사림 5현의 문묘종사가 최초로 발론된 것은 선조 초반의 일이었다. 김굉필의 경우 이미 중종조 기묘사림에 의해 종사가 거론된 적이 있었다. 그러나 훈신들의 반대에 부딪혀 정몽주만 종사되고 김굉필의 종사 논의는 발론 단계에 그쳤다. 물론 선조 초반에 사림 5현의 종사 논의가 발론되었다고는 하나 이때는 4현이 정확한 표현이다. 이황이 생존한 상황에서 5현이라는 말은 성립할 수 없기 때문이다. 5현이라는 용어는 이황이 사망한 1570년(선조 3) 11월 이후에 가서야 비로소 쓰일 수 있었다.

선조가 즉위한 1567년(선조 즉위년) 10월, 기대승은 경연에서 조광조를 '현사(賢士)', 이언적을 '현자(賢者)', 이황과 김굉필을 '현인(賢人)'으로 칭송한 일이 있었다. 표현은 다르지만 '어진 사람'이라는 점에서는 같았다. 그다음 달인 11월에는 이황이 김굉필·정여창·조광조·이언적을 '현사'로 평가했다. 모두 사림파의 학문 연원을 공인받기 위한 서설이었다. 이황이 조광조의 「행장」을 개찬하고, 이언적의 「행장」을 찬술한 것도 공인화를 위한 준비 과정이었다. 이렇듯 김굉필·정여창·조광조·이언적에 대한 존경과 현양의 분위기는 5현의 막내 퇴계를 통해 더욱 무르익어갔다.

1570년(선조 3) 3월, 관학 유생을 중심으로 김굉필·정여창·조광조·이언적의 문묘종사를 청하는 「상소」가 올라왔다. 선조 즉위년부터 태동하기 시작한 종사에 대한 움직임이 비로소 천명된 것이다. 여기서 주목할 사실은 '4현'이라는 용어가 공식적으로 사용된 점이다. 원래 4현은 이황이 처음 사용한 말이다. 여기에 반론을 제기할 사람은 아무도 없었다. 이황의 인식은 곧바로 사림의 통념이 되었다. 그리고 이러한 사림의 통념은 국론으로 정해져 4현은 이제 국가적으로 통용되는 공식 용어가 되었다.

4현의 문묘종사를 청하던 그해 11월 8일, 이황이 70세의 나이로 죽었다. 생전에 이미 당대의 유종(儒宗)이자 사림의 영수로서 권위를 누렸던 이황은 사망과 동시에 사림으로부터 현인·현사의 칭호를 받았다. 이렇게 이황은 평소 자신이 주창하고 공식화했던 4현의 대열에 몸소 참가하게 되었다. 그리고 이때부터 4현 대신 이황을 포함한 5현이 공식적인 용어가 되었다. '사림 5현'이라는 역사적인 용어는 이렇게 만들어졌다.

사림 5현의 문묘종사는 1610년(광해 2)에 가서야 달성되었다. 첫 발론 이후 꼬박 40년이 걸린 셈이다. 사림의 시대였는데도 사림이 추앙하는 인물을 종사하는 데 이토록 오랜 세월이 걸린 이유는 무엇일까?

1570년(선조 3)에 성균관 유생들이 4현의 문묘종사를 처음으로 청했을 때의 명분은, 기묘·을사사화 이후 저하된 사기를 고양하고 예의염치의 풍조를 회복하자는 데 있었다. 그러나 선조의 태도는 호의적이지 않았다. 문묘종사는 중대사이기 때문에 쉽게 결정할 수 없다는 것이 거절의 이유였다. 조신들의 입장도 다양했다. 이준경은 김굉필과 조광조의 종사는 찬성하면서도 이언적에게만은 회의적인 반응을 보였다. 개중에는 한꺼번에 종사시키는 것이 과하다고 주장하는 사람도 있었다. 사실 이때의 종사 논의는 사림 전반의 목소리를 담아내지 못한 한계가 있었다. 그리고 조신들도 을사사화의 신원에 애쓴 나머지 종사 논의에 귀를 기울이지 않았다. 제반 조건이 취약한 상태이다보니 어쩔 도리가 없었다. 그저 발론한 것에 만족할 수밖에 없었다.

이후 1573년(선조 6)에 이르러 종사 논의가 다시 일어났다. 이때는 바야흐로 이황을 포함한 5현이 거론되는 시기였다. 때로는 5현 전부를, 때로는 특정 개인을 거론하며 1581년(선조 14)까지 종사 논의는 줄기차게 전개되었다. 그러나 선조의 태도에는 변화가 없었고, 조신들의 의견도 별반 좁혀지지 않았다. 더욱이 1575년(선조 8) 이후에는 동서 분당의 여파로 사론이 결집하지 못했고, 조야의 호응을 기대하기 어려웠다. 따라서 종사 논의도 주춤할 수밖에 없었다.

1581년(선조 14)에는 이이가 조광조와 이황의 종사를 요청하는 「상소」를 올렸다. 그런데 이이는 평소 이언적의 처신에 대해 적지 않은 의혹을 가지고 있었고 그를 유현으로 여기지 않았다. 이황이 이언적의 현양에 노력하고 그를 4현의 한 사람으로 칭송했던 것과는 사뭇 다른 인식이었다. 이러한 이이의 생각은 선조에게 영향을 미쳤다.

한편 1581년(선조 14)부터 1603년(선조 36)까지의 약 20년 동안은 종사 논의가 거의 이루어지지 않았다. 남북 분당·기축옥사·왜란 등 대내외적으로 불안이 증폭된 시기였기 때문에 문묘종사를 논할 여유가 없었다. 이런 가운데 선조 후반에 이르러 왜란의 상처가 치유되면서 사회도 안정되어갔다. 특히 성균관에서는 1604년(선조 37) 동서무(東西廡: 문묘의 동무와 서무를 아우르는 말)를 완성하는 등 존현에 열성적이었다. 이들은 기회를 놓치지 않고 5현의 문묘종사 운동을 재개했다. 단순한 표방과 의례적인 행위가 아니라 연일 강도 높은 요청이 이어졌다.

그러나 선조는 여전히 5현의 종사를 거부했고, 그 이유를 이언적에게 돌렸다. 선조는 을사사화를 전후한 이언적의 태도를 매우 부정적으로 보고 있었다. 선조는 이언적을 참된 유자[眞儒]로 보지 않았던 것이다. 최종 결정권자인 선조의 거부로 5현의 일사종사는 어렵게 되었다. 여러 단체와 개인들이 나서서 이언적을 변호했지만 소용없었다. 그래도 이 시기에 이르러 5현 종사에 대한 관심이 지방으로 확산되어 조야가 호응하는 계기가 되었다.

1608년(선조 41)에 선조가 죽고 광해군이 즉위하면서 5현의 문묘종사 논의는 새로운 국면으로 접어들었다. 광해군 초기는 대북이 소북을 압도하고 권력을 장악해가던 시기였다. 그러나 크고 작은 옥사가 빈번하게 발생하는 가운데 정쟁이 가

열되고 시비가 혼재하는 혼란의 상황이 연출되었다. 이러한 혼란의 와중에 지방 유생들의 5현 문묘종사를 청하는 소가 이어졌으나 정적 제거와 권력 강화에만 관심이 쏠려 있던 대북 정권을 이를 무시했다.

그러다 대북 정권이 안정되면서 양상이 달라졌다. 더욱이 광해군의 '존현'에 대한 관심도 높아진 상태였다. 이런 흐름 속에서 1610년(광해 2) 4월, 성균관 유생 이지굉(李志宏)의 주도로 5현 문묘종사가 대대적으로 추진되었다. 이지굉은 이상의 (李尙毅)의 아들로 성호 이익(李瀷)의 종조부다. 이들은 연일 일곱 차례에 걸쳐 상소해 분위기를 고조시켰다. 이에 홍문관과 양사가 호응해 5월 한 달 내내 5현 종사 운동으로 조용한 날이 없었다.

서서히 마음이 움직이기 시작한 광해군은 6월 1일에 대신들에게 의견을 모으라고 명령했다. 이에 이원익·이덕형·이항복·심희수(沈喜壽) 등의 정승이 적극적으로 동조하니 광해군은 이를 그대로 수용했다. 곧바로 종사절목(從祀節目)을 만들고 좋은 날을 받아 의식을 치렀다.

금년 9월 4일에 증(贈) 의정부 우의정 문경공(文敬公) 김굉필, 증 의정부 우의정 문헌공(文獻公) 정여창, 증 의정부 영의정 문정공 (文正公) 조광조, 증 의정부 영의정 문원공(文元公) 이언적(李彦迪),

증 의정부 영의정 문순공(文純公) 이황 등 다섯 현신을 문묘의 동무(東廡)와 서무(西廡)에 종사하기로 했다. 아, 이로써 보는 이들을 용동시키고 새로운 기상을 진작시키려 하는데, 이 나라의 어진 대부는 누구나 모두 상우(尙友)하는 마음을 가질 것이고 우리 당(黨)의 문채나는 소자(小子)들은 영원히 본보기로 삼고자 할 것이다. 그래서 이에 교시하는 바이니, 모두 잘 이해하리라 믿는다.

『광해군일기 중초본』33권, 광해군 2년 9월 5일

그리하여 마침내 1610년(광해 2) 9월 5일에 김굉필·조광조·이황은 동쪽에, 정여창·이언적은 서쪽에 봉안함으로써 사림의 오랜 숙원이었던 5현의 문묘종사가 마무리되었다.

불행을 자초한 선조

선조는 왕권을 지키기 위해서 신하들의 권력 다툼을 이용했다. 선대 왕 중에서도 왕권 강화를 위해 집권 세력과 견제 세력을 동시에 키운 사례가 있었다. 하지만 선조는 세력 간 균형이라는 정치 신념보다는 자신의 기분에 따라 처분을 내리는 경우가 많았다. 훈구파와 사림파의 커다란 경쟁 구도에서 훈구파가 사라지면서 사림의 분열이 촉발되었지만, 사림의 분당이 선조의 집권기에 시작된 것도 우연은 아니다.

임진왜란이라는 조선 최대의 국란에 미리 대처하지 못한 것도 잘못이지만, 전쟁이 일어난 후 선조의 행보는 더욱 실망스러웠다. 국토의 유린과 백성의 고통보다는 자신의 안위에 더 신경을 썼다. 그러면서 신망받는 전쟁 영웅을 질투하고 견제했다. 서인의 모략이 있었다고는 하나 전쟁이 진행되는 중에 전장에서 공을 세운 이순신을 파면시킨 것도 위험한 판단이었다. 전쟁이 끝난 후에도 목숨을 걸고 공을 세운 사람보다는 자신의 피난길에 호종한 사람이 더 큰 상을 받았다.

한편 선조는 자신이 방계 승통이라는 것에 자격지심이 있었다. 그래서 후사만은 적통으로 잇고 싶어했으나 선조의 첫째 정비인 의인왕후에게 자식이 없었다. 결국 세자 옹립을 차일피일 미루다가 전쟁이 나고 상황이 급박해진 다음에야 광해군을 세자로 삼고 분조를 맡겼다. 그러나 전쟁이 끝난 후에는 또다시 마음이 바뀌어 광해군을 홀대했다. 그러다 둘째 정비인 인목왕후에게서 영창대군이 태어나자 그를 세자로 세우려는 마음까지 먹었다. 장성한 세자가 엄연히 있는데도 젊은 새 왕비를 얻어 후사를 보려고 했다는 사실은 광해군에게 왕위를 물려줄 마음이 없었음을 의미한다.

그러나 적통인 영창대군에게 왕위를 물려주고자 했던 뜻은 끝내 이루지 못했다. 병이 깊어 죽음의 문턱에 이르자 선조는 "형제 사랑하기를 내가 있을 때처럼 하고 참소하는 자가 있어도 삼가 듣지 마라. 이로써 너에게 부탁하니 모름지기 내 뜻을 몸 받아라"는 유언과 함께 광해군에게 왕위를 물려주었다. 왕위를 물려주기엔 영창대군이 너무 어렸던 탓이다.

이렇게 선조는 1608년(선조 41) 2월 1일에 56세의 나이로 세상을 떠났다. 시호는 소경(昭敬), 능은 경기도 양주에 있는 목릉(穆陵)이다.

제15대 광해군, 난세를 이끌고 패륜의 멍에를 쓰다

고단한 여정 끝에 왕위에 오른 광해군

선조가 세상을 떠나자 세자 광해군은 34세의 나이에 제 15대 왕으로 즉위했다. 광해군의 이름은 혼(琿), 어머니는 선 조의 후궁인 공빈(恭嬪) 김 씨다. 공빈 김 씨는 임해군과 광해 군을 낳고 27세의 젊은 나이로 죽었다. 이때까지 선조의 정비 의인왕후 박 씨에게는 후사가 없었다.

광해군은 왜란 중이던 1592년(선조 25)에 세자에 책봉됐다. 선조가 피난길을 모색하던 다급한 상황에서 사나워진 민심 을 수습하고자 급히 세자로 책봉한 것이다. 임진왜란 당시 선조는 왕위에 오른 지 25년이 되었는데, 이때까지 세자 책봉을 미룬 이유는 왕비 소생의 대군이 없었기 때문이다. 당시 후계 서열 1위였던 서장자 임해군은 성품이 너무 거칠고 부덕해 세자로서 자질이 부족했다. 그렇다고 차자인 광해군을 세자로 세우자니 여러 가지로 걸리는 점이 많았다. 더구나 선조는 자신이 방계 승통이라는 자격지심 때문에 적장자로 후사를 잇게 하고 싶은 욕심이 있었다. 그러다보니 세자 책봉이 쉽게 이루어지지 않았다.

광해군은 왕자들 중에서도 특히 학문이 독실하고 행실이 바르며 효성 또한 지극했다. 자질에 있어 세자가 되기에 부족함이 없었다. 그러나 광해군은 세자로 책봉된 순간부터 공식적으로 왕위에 오르기까지 인정을 받지 못한 채 16년의 세월을 보냈다. 왕이 된 후에도 명나라로부터 정식 승인을 받기까지 1년을 기다려야 했다. 이러한 광해군의 시련은 정통성, 즉 적자도 장자도 아닌 그의 위상에서 비롯된 것이었다.

전란이라는 비상사태에 대처하기 위해 부득이하게 세자로 책봉된 광해군은 책봉례도 제대로 갖추지 못한 채 세자로서 전시 임무를 수행했다. 의주로 도망가 백성의 원망과 명나라 황제의 책망을 받던 선조에 비해 분조를 맡은 광해군은 커다란 신망을 얻고 있었다. 그러나 역시 문제는 명나라에서 광해군을 정식 세자로 인정하지 않는 데 있었다.

1594년(선조 27) 1월부터 1596년(선조 29)까지 조선은 여러 차례 광해군을 세자로 책봉해달라고 명에 요청했다. 명의 예부에서는 광해군이 서자인데다 장자도 아니어서 세자 책봉을 결코 가볍게 허락할 수 없다고 했다. 이들은 광해군의 전쟁 수행 능력을 보아 적절하게 처리하겠다는 말로 일을 계속 지연시켰다. 이들의 태도는 명나라 내부 사정과도 무관하지 않았다. 광해군의 책봉이 나쁜 선례를 남겨 명나라의 차기 계승 문제가 영향받을 것을 우려했던 것이다.

임진왜란 종전 직후인 1600년(선조 33) 6월, 선조의 정비인 의인왕후가 후사 없이 죽었다. 2년 후 선조는 김제남의 딸인 인목왕후를 계비로 맞이했다. 이때 왕의 마음은 광해군에게서 멀어지고 있었다. 그러던 참에 선조와 인목왕후 사이에서 적통인 영창대군이 태어났다. 당시는 선조는 50세였고, 인목왕후는 19세, 그리고 광해군은 28세였다. 광해군이 조정의 인망을 받고 있기는 했지만, 영창대군이 탄생하자 광해군은 자신의 지위가 위태로웠다.

당시 영의정이던 유영경을 비롯한 소북은 선조의 뜻을 간파하고 세자를 영창대군으로 바꾸고자 했다. 그런데 영창대군과 그를 지지하는 소북, 광해군과 그를 지지하는 대북 간의 신경전이 한창 벌어지고 있던 차에 선조가 갑자기 죽고 말았다.

광해군은 선조의 사망 당일에 즉위했다. 그러나 여전히 명의 예부에서는 적자도 장자도 아니라는 이유로 그를 정식 왕으로 인정하지 않았다. 그러면서 장자를 폐하고 차자를 왕으로 세우는 일에 대해서 트집을 잡았다. 이에 당시 명나라에 사신으로 가 있던 이호민(李好閔)은 당황해 "장자 임해군은 중풍으로 무덤을 지키고 있다"고 궁색하게 변명했다. 그러자 명 예부에서는 "무덤을 지키고 있다는 것을 보니 병중이 아닐 것이고, 두 왕자가 서로 다투지 않았다면 어찌 왕위를 사양했겠는가?"라며 이 문제에 대한 자초지종을 조사하기로 결정했다.

이 소식을 전해 들은 조선에서는 왕대비의 명으로 영의정 이원익 이하 문관·무관·종실·군민·성균관 생원 등 1만 8,000여 명의 연명으로 광해군의 추대를 결정한 까닭을 적어 명나라로 보냈다. 그러나 이러한 조선의 끊임없는 노력에도 책봉은 허용되지 않았다.

그해 6월, 요동도사 엄일괴(嚴一魁) 등이 조사차 조선에 입국했다. 이때 임해군은 모반죄로 강화도에 유배되어 있었다. 사신들은 광해군을 먼저 만나본 후 임해군을 조사했으나, 조정 대신들이 미리 임해군을 협박해 입단속을 해둔 뒤였다. 임해군은 사신들에게 "나는 일찍이 왜적에게 붙잡힌 적이 있어서 정신을 잃고 못된 행동을 했다. 또한 중풍에 걸려서 손발을 움직일 수 없다"고 말했다. 물론 사신들은 이 말을 다 믿지 않았다. 그러자 조정에서는 수만 냥의 은과 인삼을 뇌물로 주면서 무마책에 나섰다. 이에 사신들은 못 이기는 척 그대로 조사를 마치고 돌아갔다. 조선은 이때 처음으로 뇌물을 쓰는 전례를 남기게 되었다.

이러한 우여곡절 끝에 1609년(광해 1) 6월, 광해군은 마침내 명나라의 인준을 받아 책봉례를 행했다. 광해군은 이처럼 왕권 확립에 가장 중요한 시기인 즉위 초부터 정통성 문제 때문에 심적으로 커다란 상처를 입었다. 이러한 피해 의식은 광해군이 여러 차례 옥사를 일으키게 한 원인이 되었다.

광해군은 1587년(선조 20) 유자신(柳自新)의 딸 문성군부인 유 씨와 혼인했다. 광해군은 문성군부인(文城郡夫人) 유 씨와 나머지 9명의 후궁에게서 1남 1녀를 낳았다.

정인홍의 회퇴변척

1610년(광해 2) 9월, 사림 5현의 문묘종사가 치러졌다. 40년 노력의 결과였다. 이로써 5현이 가진 도학상의 지위는 확고해졌다.

이때 조식의 제자인 정인홍은 불만에 가득 차 있었다. 정인홍은 사림 사이에서도 명망이 있었고, 자존심도 강한 사람이었다. 칭찬에 인색하기로 소문난 이이로부터 어질다는 평을 듣기도 했으며, 논의가 준절해 '산림장령(山林掌令)'으로 불리기도 했다. 그는 임진왜란 때 60세의 노구를 이끌고 전장을 호령했으며, 지난날의 공적 덕분에 당시 1품의 반열에 올라 조야의 존경을 받았다. 그는 스승인 조식의 학문적인 기반을 그대로 물려받아 학파의 종장으로서 권위를 누리고 있었다. 향리에서 그의 말은 법보다 무서운 위력이 있었다. 윤리와 강상을 어긴 자는 누구도 용서할 수 없다는 것이 그의 지론이며 소신이었다.

그런 정인홍이 5현의 문묘종사에 대해 강한 불만을 품은 것은 자기 스승인 조식이 이황보다 예우가 형편없다는 데 있었다. 정인홍은 조식을 수식과 치장이 없는 참된 유학자의 표본이며, 의리가 분명하고 명분을 철저히 지킨 실천 유학의 선구자로 여겼다. 그런데도 조식은 문묘종사는커녕 5현 대열에 거론되지도 않았고, 평소 조식이 선비로 여기지도 않았던 이언적과 이황은 문묘에 종사되었다는 것이다.

결국 정인홍은 1611년(광해 3) 4월에 회재와 퇴계를 논박하는 글이라는 뜻의 「회퇴변척소(晦退辨斥疏)」를 올려 불만을 노골적으로 드러냈다. 정인홍은 이 「상소」에서 이언적·이황을 냉혹하게 비판했다. 정인홍은 이들을 일컬어 "이록(利祿)을 탐내고 진퇴가 분명하지 않은 몰염치한 사람"이라고 했다. 그리고 이들에게는 선비의 칭호를 주기도 아까운데 도학을 인정해 문묘에 종사했으니 참으로 아깝다는 것이 「상소」의 골자였다. 이는 이언적·이황의 종사에 대한 반발이며, 조식의 종사를 위한 서설이었다. 비난의 화살은 이언적보다는 경쟁자로 여겼던 이황에게 집중되었다.

회재 이언적·퇴계 이황·남명 조식은 모두 조선 유학계의 거장이다. 이 중 이언적이 가장 선배고, 이황과 조식은 동갑내기였다. 모두 영남 출신이지만, 세 사람이 한자리에 모인 적은 한 번도 없었다. 1543년(중종 38) 경상감사로 부임한 이언적이 조식에게 「초청장」을 보낸 일이 있었으나 조식은 만나주지 않았다. 그저 다음과 같은 내용의 편지 한 통으로 속마음을 전했을 뿐이다.

어찌 거자(擧子)의 신분으로 감사를 뵈올 수 있겠습니까? 주자는 네 조정에서 벼슬했지만 40일을 넘기지 않았습니다. 저는 상공(相公)께서 벼슬에서 물러나 고향으로 돌아갈 날이 머지않았으리라 생각합니다. 그때에 제가 각건(角巾)을 쓰고 안상(安康)의 댁으로 찾아가 뵈어도 늦지 않을 것입니다.

『남명집』, 답이회재

벼슬에 연연하는 이언적을 풍자한 글이었다. 조식과 이황의 관계는 더욱 미묘했다. 두 사람은 모두 경상도가 고향이고 나이도 같았지만, 학문의 태도와 출처관은 매우 달랐다. 이황이 인(仁)을 숭상하고 바다처럼 넓은 학문을 지닌 인물이라면, 조식은 의(義)를 중시하고 태산처럼 높은 기상의 소유자였다. 문제는 두 사람 사이에 점차 경쟁 의식이 생겨 서로를 비아냥거리게 되었다는 것이다. 한때 두 사람은 서로를 북두성에 비기며 존경하고 그리워하기도 했다. 그러나 어느새 이황이 조식을 두고 "거만스러워 중용의 도를 기대하기 어렵고, 노장(老莊)에 물든 병통이 있다"고 비난했는가 하면, 조식은 "요사이 학자들은 물 뿌리고 비질하는 절차도 모르면서 입으로는 하늘의 이치를 말하며 허명을 훔친다"고 응수했다. 은근한 자존심 대결이며, 경쟁심의 표현이었다.

이 무렵 조식의 인근에서 음부(淫婦) 사건이 발생했다. 진사 하종악의 후처가 음행을 저지른 것이다. 조식은 사건 처리를 위해 친구인 이정(李楨)에게 자문했다. 그런데 이정이 세 번이나 태도를 번복했다. 이정이 음부로부터 뇌물을 받았다고 생각한 조식은 그날로 절교를 선언했다. 조식과 결별한 이정은 이황을 가까이했고, 이황은 이정을 두둔했다. 이 일로 조식과 이황의 앙금은 더욱 깊어졌다.

정인홍은 조식과 이황의 불화를 잘 알고 있었다. 그는 오히려 조식보다 이황을 더 싫어했다. 음부의 집을 불태운 사람도 정인홍이었다. 1604년(선조 37)에는 『남명집』을 간행하면서 이정을 비난하고 이언적·이황을 비하하는 내용을 실었다.

선조 대에는 조정 신료 중 이황의 문인이 가장 많았다. 반면에 임진왜란 당시의 의병장은 조식 문인이 주류를 이루었다. 한때 이들은 동인으로서 입장을 같이하기도 했다. 그러나 1589년(선조 22) 기축옥사로 인해 남인과 북인으로 갈렸고, 임진왜란 중에 대립은 더욱 심화되었다. 이 과정에서 정인홍은 유성룡과 정적이 되었다.

양측은 이황과 조식의 학문·출처·언행에 대해 논란을 벌이며, 자기 스승은 높이고 상대방 스승에 대한 비하를 계속했다. 1600년(선조 33)에 유성룡에 의해 『퇴계집』이 발간되고, 1622년(광해 14)에 정인홍에 의해 『남명집』이 간행된 것도 경쟁의 일환이었다. 그런 가운데 일어난 사림 5현의 문묘종사는 이황의 우위를 인정하는 결과가 되었다. 정인홍의 「회퇴변척소」는 이에 대한 반발이며, 퇴계학파와 남명학파의 정면충돌이었다.

정인홍의 「상소」는 조정에 일대 파란을 일으켰다. 누구보다 민감하게 반응한 쪽은 유생들이었다. 이목(李楘) 등 500여 명의 성균관 유생은 즉시 「상소」를 올려 이언적과 이황을 옹호하고 정인홍의 이름을 「유적(儒籍)」에서 삭제해버렸다. 「유적」 삭제는 유림 사회에서 매장을 의미했다.

그러나 광해군은 정인홍을 두둔해 주동한 유생들을 금고형으로 다스렸고, 이에 유생들은 단식 투쟁을 벌이며 팽팽하게 맞섰다. 언관들조차 입장이 분분했다. 사간원에서는 정인홍을 지지했지만, 홍문관에서는 성균관 유생을 두둔했다. 그러나 조신들은 대부분 정인홍의 눈치를 살피는 형편이었다. 정인홍 또한 동요하거나 위축되는 기색이 없었다. 유적에서 삭제된 후에도 조식을 위해 서원을 건립하고 문묘종사 운동을 줄기차게 전개했다. 그리고 향촌은 물론 중앙 정계에서 그의 비중도 전혀 약화되지 않았다. 이처럼 그는 표면적으로는 여전히 건재했다.

정인홍은 자신의 행동이 얼마나 독선적인지를 깨닫지 못하고 있었다. 「유적」 삭제를 계기로 이황의 문인과 전국의 유림이 정인홍에게서 등을 돌렸다. 심지어 평소 절친하게 지내던 정구(鄭逑)도 정인홍과 의절했다. 이는 남명학파의 점진적인 와해를 의미하는 것이었다. 결국 정인홍의 권력도 끝나게 되었다. 회퇴변척을 할 때는 광해군의 비호를 받아 무사할 수 있었지만, 인조반정이 일어나면서 사정이 달라졌던 것이다. 그는 폐모살제의 원흉으로 지목되어 처단되었다. 여기에는 회퇴변척으로 야기된 반감이 강하게 투영되었다.

유영경의 제거와 임해군의 옥사

광해군은 17년 동안 정통성 문제로 지나치게 시달린 탓에 이와 관련된 일에 대해서는 극도의 과민 반응을 보였다. 왕위를 지키는 데 위협이 된다고 간주되는 형제나 조카들을 제거한 것도 한 단면이었다. 이러한 광해군의 피해 의식은 특히 서열상으로 광해군보다 우선 순위에 있었던 영창대군과 임해군을 볼 때마다 되살아나곤 했다. 광해군의 눈에 이들은 왕권을 위협하는 도전자들로 보였고, 대북 역시 그렇게 생각하고 있었다.

광해군은 즉위 한 달 만에 당시 귀양을 가 있던 정인홍·이이첨·이경전 등을 불러들여 정계를 개편했다. 오랫동안 세자로도 인정받지 못했을 뿐만 아니라 적자와 장자가 모두 생존해 있는 불안한 상황에서 왕위에 오른 광해군은 자신의 세력 구축이 무엇보다 시급했다. 그는 먼저 적자인 영창대군을 지지했던 유영경 세력을 제거해야 했다. 그리고 비록 친형이지만 장자기 때문에 장애가 될 수밖에 없었던 임해군도 제거해야만 했다.

눈치 빠른 유영경은 이를 일찌감치 간파했다. 그리고 광해군이 즉위한 지 며칠 만에 사직을 자청했다. 광해군은 그의 사직을 즉시 허락하지 않았다. 그러나 대북의 등쌀에 결국 유영경을 내보냈다. 그리고 유영경은 임진왜란 때 광해군이 분조를 이끌며 활약한 공로에도 선무공신(宣武功臣)으로 책정되는 것을 방해한 것, 세손의 원손 책봉과 혼인을 지연시킨 것, 선조가 병이 위중해 광해군에게 왕위를 물려주려고 했을 때 이를 방해한 것, 광해군이 왕위에 오를 때 즉위 시기를 공연히 늦추려고 한 것 등의 죄목으로 처단되었다.

그러나 대북은 이것만으로는 성에 차지 않아 임해군마저 죽이기를 청했다. 임해군은.타고난 성품이 사납고 방자해 일찍이 아우에게 세자의 자리를 빼앗겼다. 임해군은 임진왜란이 발발했을 때 동북 지방으로 피난 갔다가 왜군에게 잡혀 고생도 많이 했다. 그 뒤로 성품이 더욱 사나워졌고 선조나 광해군에 대한 불만도 점점 늘어갔다.

그러던 중 광해군이 즉위하고 보름도 채 지나지 않아 임해군이 오랫동안 다른 뜻을 품고 남몰래 반역을 도모했으니 처단해야 한다는 내용의 「상소」가 올라왔다. 반역이라면 당연히 처단해야 했으나 그래도 형제지간인지라 광해군은 쉽게 결단을 내리지 못하고 대신들에게 문의해보겠다고만 했다. 그러나 이러한 광해군의 입장과 달리 대북은 반대 세력 제거에 대한 고삐를 늦추지 않고 즉시 국청을 열었다. 이 과정에서 임해군의 부하 100여 명이 참혹하게 죽었다.

이렇게 옥사를 치르는 중에 몇 사람의 자백을 근거로 임해군의 모반죄가 성립되었다. 정인홍과 이이첨은 광해군에게 임해군까지 죽일 것을 청했다. 삼사에서도 몇 달간 계속해서 임해군을 극형에 처해야 한다고 요청했다. 다만 원로대신인 이원익·이항복 등은 형제의 도리를 들어 임해군을 귀양 보내는 것으로 사태를 마무리하자고 했다. 그러자 정인홍·이이첨 등은 오히려 대신들이 역적을 두둔한다고 비난했다. 사태가 심각해지자 광해군도 하는 수 없이 임해군을 우선 교동으로 귀양을 보냈다.

그해 파견된 명나라 조사단은 광해군과 임해군을 대질 심문하려고까지 했다. 이렇게 되자 임해군의 처지는 더욱 위태롭게 되었다. 이 사건을 계기로 대북 측에서는 임해군을 처형하려는 논의가 다시 거세게 일어났다. 왕과 대신들의 무마로 임해군은 처형을 면하게 되었으나 1609년(광해 1) 5월, 유배지에서 의문의 죽임을 당했다. 이이첨의 사주를 받은 강화현감 이직(李稷)에 의해 피살당한 것으로 알려졌으며 사인과 죽은 날짜에 대해서는 명백하게 밝혀지지 않았다.

임해군은 난폭하고 무도한 행실로 인심을 잃은 탓에 비참한 최후를 맞이했음에도 누구도 동정하지 않았다. 평소 상당한 경제력과 무력을 갖추고, 일부 무장이 그의 집을 출입해 오해받을 소지가 농후하기도 했다. 그러나 실제로 그가 모반을 획책했다는 명백한 증거는 나타나지 않았고 자신도 이것을 끝내 부인했다. 결국 그의 죽음은 광해군의 왕권에 실제적인 위협이 되었다는 혐의 하나에 기인한 것이다.

김제남과 영창대군의 죽음

임해군이 죽고 나서도 대규모 옥사는 그칠 줄을 몰랐다. 이처럼 옥사가 빈번하다보니 고변을 통해 공을 세우려는 자들도 끊이지 않았다. 광해군은 몇 차례의 험난했던 고비를 넘기고 나서야 명으로부터 한 나라의 왕으로 인정받았다. 그렇기는 하나 그의 정통성 문제는 적자인 영창대군이 살아 있는 한 언젠가 도전을 받을 수밖에 없었다. 그렇기 때문에 광해군은 왕통을 노린 반란 음모 사건에 대해서는 그것이 허위일지라도 민감하게 반응할 수밖에 없었다.

1612년(광해 4) 2월, 김직재(金直哉)의 옥사가 일어났다. 이것은 김직재·김백함(金百緘) 부자, 황혁(黃赫) 등이 진릉군을 왕으로 추대하려 반역을 꾀했다는 무고를 당한 사건이다. 진릉군은 선조의 여섯째 아들 순화군의 양아들이었다. 관련자들은 모진 고문 끝에 목숨을 잃거나 허위로 자백했다. 대북은 이 사건의 관련자를 철저히 색출할 것을 주장했다. 그러면서 피해자는 더욱 확대되었다. 이 과정에서 대북의 지위와 입장은 한층 강화되었다.

1613년(광해 5) 4월, 조령에서 동래의 은 장수를 살해하고 수백 냥의 은을 강탈해 여주로 달아났던 일곱 서자가 체포되었다. 이들은 서인의 거두 박순의 서자 박응서(朴應犀)를 비롯해 서양갑(徐羊甲)·심우영(沈友英)·이경준(李耕俊)·박치인(朴致仁)·박치의(朴致毅)·허홍인(許弘仁) 등이었다. 7명의 서자는 서얼 금고법으로 벼슬길이 막힌 것에 불만을 품고 있었다. 이들은 여주·춘천 등지에 모여 살며 자칭 강변칠우(江邊七友)니 죽림칠현(竹林七賢)이니 하면서 도원결의를 맺고 양식과 무기를 모으기 시작했다. 이들은 일의 준비를 위해 조령에서 은 600냥을 강탈하고 상인 2명을 죽이기까지 했다. 그런데 은 장수의 노복(老僕)이 여주까지 이들의 뒤를 밟아 사는 곳을 알아 놓은 다음 포도청에 고발해버렸다.

영창대군을 제거할 기회만 노리던 이이첨에게 이 사건은 좋은 빌미가 되었다. 이이첨은 박응서에게 사형이 내려질 것이라는 말을 듣고는 자신의 친척뻘 되는 이의숭(李義崇)을 사주했다. 그러고는 박응서에게 "시키는 대로만 하면 죽음을 면할 뿐 아니라 큰 공을 세울 수 있게 해주겠다"고 했다. 이 말에 솔깃해진 박응서가 마침내 "우리는 단순한 도적이 아닙니다. 장차 큰일을 일으킬 생각으로 양식과 무기를 준비하려 한 것입니다. 영창대군의 장인 김제남과 몰래 통해 영창대군을 받들어 임금을 삼으려 한 것입니다"라는 허위 자백을 했다.

사건에 대한 자초지종이 왕에게 보고되었고, 광해군은 이들을 친히 국문했다. 박응서는 약속대로 사면될 수 있었다. 그러나 주모자 격인 서양갑이 고문을 이기지 못해 인목대비의 아버지인 김제남과 인목대비, 영창대군을 한꺼번에 옭아 허위로 자백하는 바람에 옥사가 걷잡을 수 없이 확대되었다. 실제 서양갑은 김제남과는 서로 소식도 통한 바 없는 사이였다.

서양갑은 자신의 어머니까지 모진 고문에 시달리는 것을 보다 못해 "광해가 내 어머니를 죽이니, 나도 제 어머니(인목대비)를 죽여야겠다"고 했다. 그러면서 거사를 김제남과 함께 모의했고 이 사실을 대비도 이미 알고 있었다며 그럴듯하게 꾸며댔다. 나아가 광해군이 아버지를 죽이고, 형을 죽이고, 그것도 모자라 친척의 부인까지 간음했다고 떠들었다. 그러자 사관조차도 차마 그의 말을 받아쓰지 못했다고 한다.

이렇게 박응서를 비롯한 칠서의 옥으로, 이 사건에 연루된 많은 사람이 문초를 받고 죽임을 당했다. 이를 계축옥사(癸丑獄事)라 한다. 그런데 이 과정에서 불똥이 김제남뿐만 아니라 영창대군과 인목대비에게까지 튀고 말았다. 국청을 통해 자백받은 내용 중에 "임금과 세자를 죽이고, 옥새를 가져다가 대비에게 주어 수렴청정을 하게 한 다음, 영창대군을 받들어 임금을 삼으려 했다"는 대목이 문제가 된 것이다. 사간원은 김제남의 삭탈관작을 요청했다. 사실 김제남은 선조의 장인 신분으로서 처신을 잘하지 못해 당시 사림에서 배척을 받고 있었다. 그는 대궐 안에서 허가 없이 유숙하는가 하면 한강의 별영(別營)을 제 마음대로 헐어버리고 정사(亭舍)를 옮겨 짓기까지 했다고 한다.

한편 선조는 죽음을 앞두고 한 통의 「유서」를 남겼다. 겉봉에는 신흠(申欽) · 박동량(朴東亮) · 서성(徐渻) · 한준겸(韓浚謙) · 유영경 · 한응인 · 허성 등 대신 7명의 이름이 적혀 있었으며, 주요 내용은 다음과 같았다.

> 영창대군이 아직 어려 미처 성장함을 보지 못하고 가는 것이 한
> 스럽소. 내가 죽은 후에 인심을 헤아리기 어려우니, 무슨 일이 있
> 더라도 그대들은 대군을 잘 보살펴주길 바라오.
>
> 『연려실기술』18권, 선조조 고사본말

인목대비는 처음에 선조의 「비밀 유교」를 빈청(賓廳)에 내렸다가, 즉시 도로 거두어 봉해버렸다. 이를 두고 이이첨은 유교는 선왕의 글씨가 아니라 대비가 내시 민희건(閔希騫)을 시켜 위조한 것이며, 7명의 신하 중 당시 생존한 이들은 모두 유교를 받은 사실을 부인했다고 주장했다. 그런데 박동량은 오히려 자신이 무죄임을 밝히고자 이른바 '유릉저주사(裕陵咀呪事)'를 털어놓아 대비를 곤경에 빠뜨렸다.

대비의 처소에 있는 사람들이 선왕의 병난 까닭은 돌아가신 의인왕후 박 씨에게 있다고 해 수십 명이 요망한 무당과 함께 연달아 의인왕후의 능인 유릉(裕陵)에 가서 저주하는 일을 크게 벌였습니다.

『연려실기술』20권, 폐주 광해군 고사본말

이 일로 선조의 정비였던 의인왕후에 대한 저주 사건이 확대되어 선조를 모셨던 궁녀는 모두 형벌을 받았다. 또한 이이첨은 자신의 무리인 유생 이위경(李偉卿)을 시켜 영창대군을 처단하라는 「상소」를 올리게 했다. 이위경은 「상소」에서 영창대군과 김제남에게 죄를 물을 것을 청하는 동시에 인목대비에 대한 폐모론까지 언급했다.

결국 김제남은 위리안치(圍籬安置: 귀양 간 죄인이 달아나지 못하도록 그곳을 가시로 울타리를 만들고 안에 가둠)되었다가 삼사의 주장으로 서소문 밖에서 사사되었다. 한편 김제남이 사약을 받을 즈음, 영창대군은 이미 서인으로 강등되었다. 8세의 어린 나이였지만 그는 사태의 심각성을 알아차리고 대비의 곁을 한시도 떠나지 않았다. 그러나 광해군은 끝내 영창대군을 대비의 처소에서 강제로 끌어내어 강화에 위리안치시켰다.

1614년(광해 6) 봄, 위리안치된 영창대군은 강화도의 작은 골방에서 비참한 최후를 맞았다. 이이첨의 사주를 받은 강화부사 정항(鄭沆)이 대군을 밀실에 가두고 아궁이에 불을 지펴 질식시켜 죽게 했다. 이로써 광해군의 정통성을 가로막았던 최대의 장애물이 제거되었다.

인목대비의 폐비

친정아버지와 아들이 대역죄로 죽은 마당에 인목대비라고 무사할 리 없었다. 대북은 영창대군을 죽이는 것도 모자라 왕권 안정을 도모한다는 명목으로 영창대군의 어머니마저 단호하게 처리할 것을 주장했다.

1615년(광해 7) 4월, 광해군은 대비를 경운궁(덕수궁)에 홀로 남겨둔 채 창덕궁으로 들어갔다. 사실 유릉저주사가 불거지면서 제기된 이위경의 폐모론으로 인목대비는 옴짝달싹할 수 없는 처지에 놓였다. 대비가 있는 경운궁에는 군사가 배치되어 대비의 일거수일투족을 일일이 감시했다.

설상가상으로 이듬해 1월, 누군가 경운궁에 임금을 비방하는 내용의 「익명서」를 보내 커다란 파문을 일으켰다. 광해군은 상금을 내걸고 진범을 찾아내라고 하는 한편, 궁성을 더욱 엄히 호위토록 했다. 이 「투서」 사건은 인목대비 폐모론에 불을 지피기 위해 대북이 꾸민 일이었다.

1617년(광해 9) 말까지 좀처럼 결말을 내기 힘들었던 폐모

논의는 결국 수의(收議)라는 형태로 가부를 묻게 되었다. 대북은 여론과 명분을 장악하기 위해 930여 명의 문·무관과 170여 명의 종실·관원을 참여시켜 폐비 문제에 대한 일종의 공개 토론을 벌였다. 대북 일파의 암묵적인 위압 탓인지 대비를 폐출하자는 이이첨 등의 주장에 대부분 찬성했고 반대하는 사람은 극히 적었다. 이항복 등이 반대했지만 결국 모자간의 정리보다 왕이라는 공적인 입장이 강조된 대북의 논리에 의해 폐모론이 확정되었다.

결국 1618년(광해 10) 1월, 마침내 인목대비는 폐비되었다. 또한 폐비절목(廢妃節目)을 만들어 대비로서의 모든 특권과 대우를 박탈하고 서궁(西宮: 경운궁)에 유폐했다. 그런데 폐출의 절차를 완결 짓는 데는 한 가지 과제가 남아 있었다. 바로 명나라로부터 폐서인의 허락을 받아내는 일이었다. 명에서는 좀처럼 허락을 내리지 않았다. 때문에 엄격한 의미에서 인목대비는 대비의 신분을 그대로 유지하고 있었다고 할 수 있다. 그래서인지 서인과 남인, 그리고 소북인은 "천자가 책봉한 고명과 관복이 있는데, 어찌 마음대로 폐하겠는가!"라는 말을 공공연히 하고 다녔다. 또 엄격한 금령에도 과거 합격자 중에는 서궁에 나아가 예를 올리는 이도 있었다.

인목대비 폐비 이후에도 광해군과 대북의 칼바람은 멈추지 않았다. 왕의 형제인 임해군과 영창대군, 종친 진릉군에 이어

능창군(綾昌君)도 목숨을 잃었다. 능창군은 광해군의 배다른 형제인 정원군의 아들이자 훗날 인조가 되는 능양군의 동생이었다. 능창군은 매우 영특했는데, 정원군의 집에 왕기가 서린다는 말이 돌아 결국 모역죄로 죽고 말았다.

이렇듯 광해군과 대북의 패륜 행위는 계속되었다. 이런 혼란한 상황에서 억눌려 지내던 서인은 정국을 뒤집어놓을 계획을 세웠고, 이 계획이 인조반정으로 이어졌다.

광해군의 등거리 외교

광해군은 왕권을 지키기 위해 패륜만 저지른 것은 아니었다. 그는 임진왜란으로 피폐해진 조선을 다시 재건하고 평화를 지키기 위해 많은 노력을 기울였으며, 구체적인 성과도 이룩했다. 광해군의 재위 기간 중 가장 눈에 띄는 짐은 그의 외교 정책이었다. 명나라와 청나라 사이에서 실리주의 등거리 외교를 펼쳤다. 이것은 사대교린의 외교 정책을 고수했던 이전까지의 왕들과는 확실히 차별되는 일면이었다.

광해군이 왕위에 있던 17세기 초, 중국은 명·청 교체기였다. 명나라는 임진왜란 이후 국력이 더욱 쇠퇴해 멸망의 길로 가고 있었다. 반면 청나라의 전신인 후금은 여진족을 통일한 누르하치가 세운 나라로 점점 세력을 넓혀갔다. 그리고 마침내 1618년(광해 10) 명나라에 선전 포고를 하고 전쟁을 시작했다. 명나라는 임진왜란 때 원군을 보낸 것에 대한 보은으로 조선에 파병을 요구했다. 그러나 광해군은 핑계를 대며 출병을 차일피일 미뤘다. 조선에 중립을 요구하는 후금과의 관계를 고려한 것이었다. 광해군은 섣불리 명의 요구를 들어주었다가 혹여 후금이 조선을 침범할까봐 걱정하고 있었다. 물론 이것은 명에 대한 의리를 중시하던 대신들의 생각과는 다른 것이었다. 광해군은 명분보다는 실리를 선택했다.

그러나 아직 명나라가 망한 것은 아니었기에 명의 요청을 무시할 수는 없었다. 광해군은 할 수 없이 형조참판 강홍립(姜弘立)을 도원수로 1만 명의 군사를 파병했다. 이때 광해군은 강홍립에게 다음과 같은 「밀지」를 내렸다.

> 우리는 대의명분상 어쩔 수 없이 출병하는 것이고 우리의 힘은 약하니 후금을 적대해서는 안 된다. 형세를 보아 향배를 정하라.
>
> 『연려실기술』21권, 폐주 광해군 고사본말

이것이야말로 명과 후금 사이에서 군사적 충돌 없이 조선의 평화를 지키려던 광해군식 등거리 외교의 본질이었다. 1619년(광해 11) 3월에 조명 연합군이 후금에 대패했다. 그러자 강홍립은 후금에 투항했다. "형세를 보아 향배를 정하라"

는 광해군의 「밀지」대로 행동한 것이었다. 강홍립의 투항으로 광해군의 뜻을 안 후금은 조선의 상황을 이해한다는 「외교문서」를 보내왔다. 광해군 역시 호의의 표시로 후금에 막대한 물자를 보냈다. 이 일로 조선군 포로의 석방이 이루어졌다.

1621년(광해 13)에는 심양과 요양이 함락된 후 명의 모문룡(毛文龍)이 압록강을 건너 의주로 들어온 일이 있었다. 그는 이곳을 근거로 후금에게 함락된 명나라 영토를 회복하려고 했다. 그러다보니 본의 아니게 조선은 명나라를 공공연하게 돕고 있는 것처럼 보였다. 이에 후금은 역력하게 불쾌함을 드러냈다. 이때에도 광해군은 척화론자들의 의견을 물리치고 정충신(鄭忠信)을 누르하치에게 보내 우리의 어쩔 수 없는 처지를 변명하도록 했다.

이러한 노력으로 적어도 광해군이 치세한 동안에는 명이나 후금 어느 쪽과도 정면충돌은 없었다. 광해군은 명의 쇠퇴와 후금의 흥기라는 국제 정세 속에서 새로운 정복 국가를 정확하게 인식하고 있었다. 이중 외교는 바로 우리 국토의 보전을 의미하는 것이기도 했다.

그러나 광해군의 탁월한 외교 정책도 인조반정과 함께 물거품이 되고 말았다. 인조반정을 주도한 서인은 오로지 의리와 명분만을 앞세워 친명배금으로 급선회했다. 이는 후금이 두 차례에 걸쳐 조선을 침략하는 빌미를 제공했다.

대동법의 시행

1608년(광해 즉위년) 경기도에서 대동법이 시행되었다. 대동법이란 백성이 부담하는 공물을 실물 대신 미곡으로 통일해 내도록 한 근대적인 개념의 세제였다.

이전까지의 공납은 지역에 배정된 품목을 직접 바치는 것이었는데, 백성의 부담이 컸다. 또한 해당 지역에서 생산되지 않는 특산품이 공물로 배정되는 경우도 있어서 방납(防納)의 폐단이 컸다. 방납이란 공물을 공급하는 사람을 정해놓고 이들에게 국가에 필요한 공물을 지정하도록 한 것인데 이들을 공인(貢人)이라고 했다. 공인들은 공물 가격의 몇 배에 달하는 액수를 과도하게 징수하기도 했다. 더구나 이들의 행위는 지방 관리와 결탁해 자행됨으로써 중요한 이권 사업 가운데 하나가 되었다.

방납의 폐단을 줄이고자 임진왜란 때에는 대공수미법(代貢收米法)이 시행되었다. 대공수미법은 각 도에서 상납하던 모든 물품을 쌀을 기준으로 환산해 이를 다시 전국의 토지에 균등하게 매겨 내도록 한 것이다. 그리고 임진왜란이 끝난 후 이 제도를 보완하고 확대한 것이 대동법이다.

대동법 시행으로 백성은 공물 대신 토지 1결당 12두(斗)의 쌀만 내면 되었다. 국가는 대동미를 공인에게 나누어 주고 필요한 물품을 사들여 내도록 했다. 이처럼 국가가 일괄적으로 대동미를 관리하자 방납의 폐해를 시정할 수 있었다.

경기도에서 처음 시행된 대동법은 농민의 호응을 얻자 점차 다른 지역으로 확대 시행했다. 대동법이 전국적으로 시행되기까지 100년이라는 기간이 소요되었다. 이처럼 대동법의 전국적인 시행에 긴 세월이 소요된 이유는 이권과 관련된 자들의 거센 반발 때문이었다. 지방의 토호와 서리, 지방 관리, 방납을 담당하던 상인, 그리고 이들과 연계된 중앙 관리는 자신들의 이권이 사라지는 것을 방관하지 않았다.

그러나 대동법의 시행은 역사적인 대세였다. 대동법은 잡다한 세목을 토지로 단일화시켰다는 데 의미가 있었다. 동시에 지급금을 쌀·포 등과 같은 물품 화폐로 통일시켰다. 또한 대동법의 시행으로 공물을 조달하기 위한 시전(市廛)이 발전했고, 화폐 경제가 발달했다.

인조반정으로 폐출된 광해군

1623년(광해 15) 3월, 이서(李曙)·이귀·김유(金瑬) 등을 주축으로 한 서인 반정군이 궁에 들이닥쳤다. 반정의 낌새를 전혀 알아채지 못한 광해군은 그제야 궁성을 넘어 도망쳤지만 곧 잡히고 말았다. 이렇게 광해군과 대북 정권은 끝이 났다.

반정으로 정권을 잡은 서인은 능양군을 왕으로 세우니, 그가 바로 제16대 왕 인조다.

반정 세력은 폐모살제의 패륜과 명나라에 대한 불충을 반정의 이유로 내세웠다. 하지만 이것은 겉으로 내세운 명분일 뿐, 본질적인 원인은 대북의 독주에서 온 서인의 반발이었다. 왕권을 지키려는 욕심에 대북의 전횡을 묵과한 것은 광해군의 패착이었다. 그러나 광해군은 어떤 면에서 시대를 앞서간 왕이었다. 반정으로 의미가 퇴색되긴 했지만 국난을 극복하고 나라의 안정을 유지하려 했던 광해군의 노력은 자체로 평가받아야 한다.

광해군은 문성군부인 유 씨, 그리고 폐세자 부부와 함께 강화도에 유배되었다. 그해 7월, 폐세자 이지(李祬)는 땅굴을 파서 위리안치된 집에서 도망치려다 발각되어 처형되었다. 이어 세자빈 박 씨는 스스로 목을 매어 죽었다. 문성군부인 유 씨는 1624년(인조 2)에 병으로 죽었으며, 광해군은 19년의 유배 생활 끝에 1641년(인조 19) 67세의 나이로 생을 마감했다.

묘는 경기도 남양주시 진건면 사능리에 있다.

조선왕조실록 3 중종~광해군 편

펴낸날	초판 1쇄 2015년 7월 15일

지은이	이성무
펴낸이	심만수
펴낸곳	(주)살림출판사
출판등록	1989년 11월 1일 제9-210호

주소	경기도 파주시 광인사길 30
전화	031-955-1350 팩스 031-624-1356
기획·편집	031-955-4671
홈페이지	http://www.sallimbooks.com
이메일	book@sallimbooks.com

ISBN	978-89-522-3170-3 04080

※ 값은 뒤표지에 있습니다.
※ 잘못 만들어진 책은 구입하신 서점에서 바꾸어 드립니다.

이 도서의 국립중앙도서관 출판시도서목록(CIP)은 서지정보유통지원시스템 홈페이지
(http://seoji.nl.go.kr)와 국가자료공동목록시스템(http://www.nl.go.kr/kolisnet)에서
이용하실 수 있습니다.(CIP제어번호: CIP2015017685)

책임편집·교정교열 박종훈 · 송두나

085 책과 세계

강유원(철학자)

책이라는 텍스트는 본래 세계라는 맥락에서 생겨났다. 인류가 남긴 고전의 중요성은 바로 우리가 가 볼 수 없는 세계를 글자라는 매개를 통해서 우리에게 생생하게 전해 주는 것이다. 이 책은 역사라는 시간과 지상이라고 하는 공간 속에 나타났던 텍스트를 통해 고전에 담겨진 사회와 사상을 드러내려 한다.

056 중국의 고구려사 왜곡　eBook

최광식(고려대 한국사학과 교수)

중국의 고구려사 왜곡의 숨은 의도와 논리, 그리고 우리의 대응 방안을 다뤘다. 저자는 동북공정이 국가 차원에서 진행되는 정치적 프로젝트임을 치밀하게 증언한다. 경제적 목적과 영토 확장의 이해관계 등이 복잡하게 얽혀 있는 동북공정의 진정한 배경에 대한 설명, 고구려의 역사적 정체성에 대한 문제, 고구려사 왜곡에 대한 우리의 대처방법 등이 소개된다.

291 프랑스 혁명　eBook

서정복(충남대 사학과 교수)

프랑스 혁명은 시민혁명의 모델이자 근대 시민국가 탄생의 상징이지만, 그 실상을 아는 사람은 많지 않다. 프랑스 혁명이 바스티유 습격 이전에 이미 시작되었으며, 자유와 평등 그리고 공화정의 꽃을 피기 위해 너무 많은 피를 흘렸고, 혁명의 과정에서 해방과 공포가 엇갈리고 있었다는 등의 이야기를 통해 프랑스 혁명의 실상을 소개한다.

139 신용하 교수의 독도 이야기　eBook

신용하(백범학술원 원장)

사학계의 원로이자 독도 관련 연구의 대가인 신용하 교수가 일본의 독도 영토 편입문제를 걱정하며 일반 독자가 읽기 쉽게 쓴 책. 저자는 역사적으로나 국제법상으로 실효적 점유상으로나, 어느 측면에서 보아도 독도는 명백하게 우리 땅이라고 주장하며 여러 가지 역사적인 자료를 제시한다.

144 페르시아 문화

eBook

신규섭(한국외대 연구교수)

인류 최초 문명의 뿌리에서 뻗어 나와 아람을 넘어 중국, 인도와 파키스탄, 심지어 그리스에까지 흔적을 남긴 페르시아 문화에 대한 개론서. 이 책은 오랫동안 베일에 가려 있던 페르시아 문명을 소개하여 이슬람에 대한 편견과 오해를 바로 잡는다. 이태백이 이 관계였다는 사실, 돈황과 서역, 이란의 현대 문화 등이 서술된다.

086 유럽왕실의 탄생

김현수(단국대 역사학과 교수)

인류에게 '예술과 문명' 그리고 '근대와 국가'라는 개념을 선사한 유럽왕실. 유럽왕실의 탄생배경과 그 정체성은 무엇인가? 이 책은 게르만의 한 종족인 프랑크족과 메로빙거 왕조, 프랑스의 카페 왕조, 독일의 작센 왕조, 잉글랜드의 웨섹스 왕조 등 수많은 왕조의 출현과 쇠퇴를 통해 유럽 역사의 변천을 소개한다.

016 이슬람 문화

이희수(한양대 문화인류학과 교수)

이슬람교와 무슬림의 삶, 테러와 팔레스타인 문제 등 이슬람 문화 전반을 다룬 책. 저자는 그들의 멋과 가치관을 흥미롭게 설명하면서 한편으로 오해와 편견에 사로잡혀 있던 시각의 일대 전환을 요구한다. 이슬람교와 기독교의 관계, 무슬림의 삶과 낭만, 이슬람 원리주의와 지하드의 실상, 팔레스타인 분할 과정 등의 내용이 소개된다.

100 여행 이야기

eBook

이진홍(한국외대 강사)

이 책은 여행의 본질 위를 '길거리의 철학자'처럼 편안하게 소요한다. 먼저 여행의 역사를 더듬어 봄으로써 여행이 어떻게 인류 역사의 형성과 같이해 왔는지를 생각하고, 다음으로 여행의 사회학적 · 심리학적 의미를 추적함으로써 여행에 어떤 의미를 부여할 것인가에 대해 말한다. 또한 우리의 내면과 여행의 관계 정의를 시도한다.

293 문화대혁명 중국 현대사의 트라우마

eBook

백승욱(중앙대 사회학과 교수)

중국의 문화대혁명은 한두 줄의 정부 공식 입장을 통해 정리될 수 없는 중대한 사건이다. 20세기 중국의 모든 모순은 사실 문화대혁명 시기에 집약되어 있다고 해도 과언이 아니다. 사회주의 시기의 국가 · 당 · 대중의 모순이라는 문제의 복판에서 문화대혁명을 다시 읽을 필요가 있는 지금, 이 책은 문화대혁명에 대한 안내자가 될 것이다.

174 정치의 원형을 찾아서

eBook

최자영(부산외국어대학교 HK교수)

인류가 걸어온 모든 정치체제들을 매우 짧은 기간 동안 시험하고 정비한 나라, 그리스. 이 책은 과두정, 민주정, 참주정 등 고대 그리스의 정치사를 추적하고, 정치가들의 파란만장한 일화 등을 소개하고 있다. 특히 이 책의 저자는 아테네인들이 추구했던 정치방법이 오늘 우리 사회가 당면한 문제를 해결할 수 있는 지혜의 발견에 도움을 줄 수 있을 것이라고 말한다.

420 위대한 도서관 건축순례

eBook

최정태(부산대학교 명예교수)

이 책은 도서관의 건축을 중심으로 다룬 일종의 기행문이다. 고대 도서관에서부터 21세기에 완공된 최첨단 도서관까지, 필자는 가능한 많은 도서관을 직접 찾아보려고 애썼다. 미처 방문하지 못한 도서관에 대해서는 문헌과 그림 등 가능한 많은 정보를 수집하려 노력했다. 필자의 단상들을 함께 읽는 동안 우리 사회에서 도서관이 차지하는 의미에 대해 다시 생각하게 된다.

421 아름다운 도서관 오디세이

eBook

최정태(부산대학교 명예교수)

이 책은 문헌정보학과에서 자료 조직을 공부하고 평생을 도서관에 몸담았던 한 도서관 애찬가의 고백이다. 필자는 퇴임 후 지금까지 도서관을 돌아다니면서 직접 보고 배운 것이 40여 년 동안 강단과 현장에서 보고 얻은 이야기보다 훨씬 많았다고 말한다. '세계 도서관 여행 가이드'라 불러도 손색없을 만큼 풍부하고 다채로운 내용이 이 한 권에 담겼다.

역사·문명

eBook 표시가 되어있는 도서는 전자책으로 구매가 가능합니다.

(주)살림출판사
www.sallimbooks.com
주소 경기도 파주시 문발동 522-1 | 전화 031-955-1350 | 팩스 031-955-1355